地名の楽しみ

今尾恵介 Imao Keisuke

★──ちくまプリマー新書
248

目次 ＊ Contents

まえがき……7

第一章　山と川――地形にちなむ地名……13
◆段差にまつわる地名　◆平地の地盤にまつわる地名　◆峠にまつわる地名
◆富士山の地名　◆川にちなむ自治体・区名が急増　◆海岸にちなむ地名

第二章　命名それぞれの事情……47
◆同じ地名を東西南北で区別する　◆カミの地名・シモの地名　◆我こそは世界の中心?――中央という地名　◆地名になった交通路　◆橋の名前も地名の一種　◆インターチェンジの地名　◆駅名に由来する地名　◆鉄道路線名とその命名傾向

第三章　ことばと地名……91
◆読みと表記が変更された市町村　◆アイヌ語ばかりではない北海道の地名
◆方言の地名　◆増加するカタカナの地名　◆身の回り品から動物まで――普通名詞の地名　◆間違えやすい地名

第四章　歴史を映す地名の移ろい……123
◆意外に多い合成地名　◆それぞれ事情がある飛地　◆郡はどこへ行く　◆神社仏閣の地名　◆今はなき市あれこれ

第五章　生活の地名――地名のある暮らし……153
◆職業にまつわる地名　◆新田という地名　◆今に残る焼畑の地名　◆通称の地名　◆縁起のよい地名たち　◆ブランド地名　◆地名の「安全性」を考える

第六章　地名は階層になっている……192
◆町と村はどう違うのか　◆住所と地名の階層構造　◆イロハ、甲乙丙の地名　◆小字の地名を観察する　◆非歴史的な小字　◆「丁目」とは何か　◆地番の並び方あれこれ　◆番号順の地名

あとがき……236

まえがき

ためしに「地名」という言葉を手元の国語辞典で引いてみたら、そこには「土地の呼び名」とか「土地の名称」といった、実に簡潔なひと言が載っているだけだった。後者は天下の『広辞苑』（第三版）なのにたった五文字である。もちろん間違ってはいないけれど、それだけでは寂しいので、民俗学の泰斗・柳田國男《くにお》の「地名の研究」（ちくま文庫版『柳田國男全集　二〇巻』）でその定義を読んでみよう。

「地名とはそもそも何であるかというと、要するに二人以上の人の間に共同に使用せらるる符号である。これが自分の女房子供であるならば、我々は他人をして別の名称をもって呼ばざらしめる権利を有《も》っているが、その他の物名になると、どうしても相手方の約諾を要する。早い話がわが家の犬ころでも、せっかくハンニバルとかタメルランとかいう立派な名を附《つ》けておいても、お客は断りもなくその外形相応にアカとかブチとか呼んでしまう。ゆえに一部落一団体が一つの地名を使用するまでには、たびたびそこを人が往来するということを前提とするほかにその地名は俗物がなるほどと合点するだけ十分に自然のものでなければならぬのである。（以下略）」

犬のハンニバルには笑ってしまうが、柳田さんが「二人以上」としているのは重要だ。考えるまでもなく、一人で「あの場所」がわかれば地名はいらない。あくまで複数人の場合に土地の呼び名が必要なのである。実際にかつての農村部の「小字《こあざ》」の地名には、そのような例が多かった。たとえばある兄弟が耕している山の中の「あの田んぼ」をその他の土地と区別するには、その兄弟やせいぜい親が把握していればいい。

そんな田んぼをどう名付けるかといえば、なんとかヒルズなどという格好つけた命名などする必要はない。たとえば日当たりに注目すれば、よく日が当たる方を「日向《ひなた》」、そうでない方を「日影」と区別する類もあれば、川の上流・下流にちなんで「上田《かみだ》」「下田《しもだ》」という分け方もあり得るだろう。

もちろん地名が付くのは農地など実用的な土地だけでなく、自分は関わらないけれど目印になるので付けたらみんなが呼ぶようになった地名、というのもある。広大な野原の中に松の木が立っている土地には「一本松」というわかりやすい地名が付くかもしれないし、平らな土地なら窪地《くぼち》は目印になるので「大久保」とか「長久保」、蛇が出るから「蛇窪」、荻《おぎ》の茂っているのは「荻窪」といった具合に、クボが多ければその上に形容詞的な言葉を冠して地名とする。そんな自然の地形や土地条件の特徴を捉えた地名は多い。

さらに時代が下ってくると、政治や経済のいろいろな事情に伴った地名も出現することになるだろう。たとえば清右衛門さんが開墾した新田は清右衛門新田と名付け、商人の加賀屋さんが土地の将来性を見込んで投資した場合は加賀屋新田という名前になる。しかしそれが昭和に入って大都市へ通うサラリーマンが多く住むようになると、新田は「田舎《いなか》っぽいから……」と嫌われ、清右衛門新田が「清新」といった略称の地名に変わったり、それどころか、丘でもないのに「〇〇が丘」といった新地名に改められることも珍しくない。

日本の地名にとって、平成一一年（一九九九）から嵐のように吹き荒れた「平成の大合併」は、実に大きな影響があった。既存の市に周囲の町村が編入されるような場合には影響が比較的少ないのだが、「対等合併」を理由に既存の市町村名を消して、まったく新しい、どちらかといえばイメージ先行の自治体名（キラキラネームのような地名も！）が各地で創作されたことは記憶に新しい。歴史的な地名を採用しながらも、既存の自治体とは別だということを強調するために「ひらがな市名」が流行したのも、今回の大合併の特徴であった。

「地名は無形文化財である」という表現がある。もちろん古代や中世から受け継がれてきた地名は今も多く、昨日できたばかりの地名もあって、いったいどの時代より前が無形文化財なんだ、と迫られても判断に困るが、やはり人やモノの動きが急速に慌ただしくなった明治以降に変更された地名は圧倒的に多い。もちろん近世以前にも、たとえば戦国武将が縁起を担いで城下町の名前を変えることもあったことは確かだが、それはあくまで例外である。

近代に入って以来、「地名を変更させる力」がどんなものかといえば、たとえば自分の住む市町村やエリアの不動産価値をなるべく上げようとする、また工場や住民を誘致しようとする力や、逆に「下」や「影」などを忌避する力が過剰に働いたり、一方で被差別の歴史を隠そうという動きもあった。前述の対等合併の場面では、歴史的地名を重視するよりは、対等合併だから痛み分け、とばかりに「足して二で割ったような地名」

も誕生したし、市内の町名では今もなお「わかりやすい町」を目指そうとするあまり、近世以前の一見混沌《こんとん》とした地名秩序を嫌悪し、「中央」とか「本町」で統一したい圧力もある。

さて、無形文化財であったとしても、地名には日常的に頻繁に使う「日用品」という側面もあり、それが扱いを難しくしていることも確かである。ただの文化財であれば博物館に入れておけば誰も文句は言わないのだが、画数が多すぎるとか、今では悪印象の字を日常的に使うのはイヤだ、という人もいるだろう。それをどう説得するのか。これも難しい問題だ。

金沢市をはじめとして、半世紀近く前に消えた城下町の地名を復活させる事例が最近あちこちで目立ってきたが、これも相当に強力な住民の賛成の意志がないと難しい。なぜなら、地名を復活させても金銭的には何一つメリットがないのに、会社の封筒や名刺の住所を刷り直す、家の表札を掛け替える、電柱の表示や土地の登記簿に至るさまざまな場面で変更が必要になるなど、実際には面倒なことばかり多いからだ。そんなわけで地名の復活はなかなか進まない。

それでも地名を復活させた地域の住民の表情は、どこか晴れやかだ。それは言うなれば「ご先祖さんと繋がった喜び」ではないだろうか。たとえば古文書を読めば、当然ながら古い地名があちこちに登場するのだが、その文書をその土地の子孫たちが読んでもどこだか見当も付かないというのは残念だ。かつての、たかだか一〇〇年前の東京を舞台にした夏目漱石《そうせき》や永井荷風《かふう》の作品を読んでも、現在の地図を見ながら、その場所をたどることができないなんて。

ある英国の地名学者が地名のことを「過去への道標（Signposts to the Past）」と表現した。道標になり得ない地名も、もちろん今の日本では溢《あふ》れかえっているけれど、地名を実際に復活させるかどうかは別として、埋もれてしまった道標を地道に掘り起こし、過去と現在を結びつける作業は必要だ。思えば人間は生来的に「過去を記録する動物」である。さまざまなアーカイブ（文書）を調べるにしても、まずはその見出しラベルとしての地名さえしっかりしていれば、それらの文書は生き生きと輝いてくるに違いない。

無形文化財にして日用品。そんな地名の世界をさまざまな角度から眺めてみたのが本書である。読者のみなさんの何らかのヒントになれば嬉《うれ》しい。

第一章　山と川——地形にちなむ地名

◆段差にまつわる地名

日本は非常に立体的な山国である。このため川の流れは大陸的な基準からすればどこも急流だ。それらの川は有史以前から、洪水のたびに山の土砂を削ってこれを海に向けて運ぶ作用を連綿と続けてきた。川の流れは上流ではV字の谷を削り込み、山から平地への出口では扇状地を作り、河口近くまで運ばれた粒子の小さな土砂は堆積して自然堤防や三角洲《す》を形成していく。

これらはすべて重力に関わる作用であるが、時折り地殻の変動による地盤の上昇下降があり、土砂の堆積の結果に影響を及ぼすことも。それに加えて大きな変動要因として挙げられるのが、およそ八万年から一〇万年単位で繰り返される地球レベルの気候変動——氷期（氷河期）と間氷期の交替だ。氷河期には北極と南極の氷が広く厚くなるのに伴って海面は下がり、相対的に温暖な間氷期には上昇する。

典型的なガケの地名「ハケ」の一例、新潟県十日町市白羽毛。
1：25,000 地形図「大割野」平成 18 年更新

川に注目してみると、海面（基準面）が低下すれば川の流速は高まり、それまで堆積して出来上がった平地も削られ、そこに崖が生じるし、海面が上昇すれば流れは遅くなって再び堆積作用が目立つようになる。それが延々と長い間に繰り返されて形成された、流れに沿った何段かのテラス状の地形が「河岸段丘」だ。

この崖を昔の人はハケやママと呼んだ。ハケという呼び名は大岡昇平の小説『武蔵野夫人』

（昭和二五年）で一躍有名になったのだが、地形と無縁な生活を営むようになった現代人にとって、この作品は忘れ去った地形用語をひとつ思い出させてくれた功績がある。最初にハケと呼ばれたのがいつ頃か定かではないが、漢字が伝来するより昔であることは確かだ。そこで人々はいろいろな字を当てることになる。

ハケでは、たとえば多摩川に沿った東京都内の旧小字の地名には羽ケ下（羽村市）、八ヶ下（日野市）、ハケ下・峡通《はけどおり》（国分寺市）、羽毛《はけ》上・羽毛下（調布市）などいろいろな字が当てられた。ハケ地名は全国的にも小字（二〇二ページ参照）レベルの地名（現在では廃止されたものも多い）では目立つが、大字（二〇二ページ参照）レベルのものは新潟県十日町《まち》市の白《しら》羽毛や、群馬県前橋市の端気《はけ》町などあまり多くはないものの、熊本市北区には、古来ある地域の名所を示すのに用いる「八景」にかけた八景水谷《はけのみや》という洒落《しゃれ》た当て字の例も見られる。

また、現代の地名としては残っていないものの、東京都荒川区には「第五峡田《はけた》小学校」など学校の名に残る峡田という地名があって、これは隅田川（旧荒川）沿いに江戸時代に存在した峡田領（現荒川・板橋・台東区などにまたがる）にちなむ。荒川に沿った赤塚や西台には大断崖と形容しても過言ではない段丘が特徴的で、峡田の地名はそれらの崖の地形にちなんだのではないだろうか。

段丘の呼称のもうひとつはママで、これには間々（愛知県小牧市）、万々（高知市）、真間（千葉県市川市）などの字が用いられ、市川市には京成電鉄に市川真間駅もある。こちらは万葉集にも「葛飾の真間の手児奈《てこな》を……」と詠われるほど古いもので、やはり下総《しもうさ》台地南端の崖が東西に伸びる地形だ。

大間々《おおまま》という地名は群馬県みどり市の渡良瀬《わたらせ》川の西岸にあって、こちらは「大きなママ」の文字通りダイナミックな河岸段丘に面している。栃木県小山市の間々田《ままだ》はその支流の思川《おもいがわ》が削ったママの上にある日光街道の宿場町だ（東北本線に間々田駅がある）。「田」の字が付いているけれど、これは田んぼを意味しているわけではなく、多くの場合、タは「○○のある所」で、これに田の字を当てたケースだろう。ハケとママのどちらが大規模であるか、また地質で使い分けられたのか。そのあたりは地域によって異なるようだ。

ハバも同じく段差の地名で、多くは羽場の字が当てられ、巾や幅の字を用いたものも

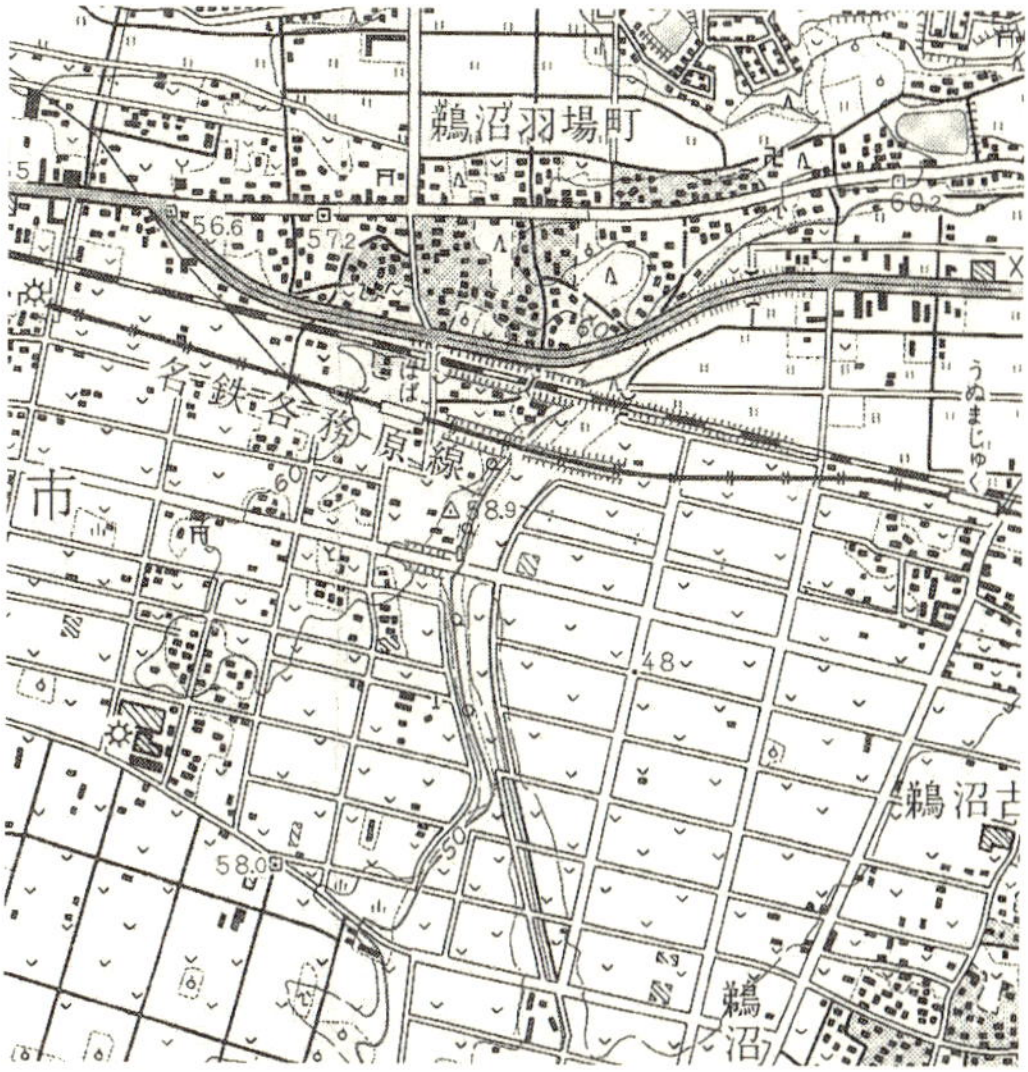

木曽川の旧河道が弧を描く崖を形成し、その上に羽場の地名。
1：25,000 地形図「犬山」平成 4 年修正

ある。羽場は岩手県盛岡市、群馬県みなかみ町、石川県金沢市、長野県辰野町、岐阜県各務原《かかみがはら》市などにあり、おおむね東北から中部地方までに分布している。岩手県矢《や》巾《はば》町（東北本線の駅名は矢幅）は江戸期には矢羽場村と表記され、『角川日本地名大辞典』では「前九年の役で鎮守府将軍源頼義《よりよし》が安倍貞任《さだとう》を征する時、矢を作るために羽を集めた地であることによる」という伝承を紹介しているが、たまたま当てられた漢字を見て後世の

人が作り上げた「物語」の典型的な例と思われる。名古屋市にある幅下《はばした》という町は名古屋城のある名古屋台地の西側の、まさに崖下に広がる土地だ。

もうひとつ、珍しい地名として埼玉県八潮《やしお》市の垳《がけ》がある。この字は日本中でもここにしか使われていない非常に珍しいものである。ガケとはいっても中川とその支流の垳川に沿う低地が広がっているエリア。ただし、蛇行した河道《かどう》の半径がやけに大きく（蛇行の半径は河川の流量におおむね比例する）、江戸初期まで東京湾に注いでいた利根川の旧河道とされているため、土ガケの規模も印象的なレベルだったのではないだろうか。これを表現するのに「土へんに行」という国字をわざわざ作ってしまったわけだが、「行」の字には「道」や「並び」の意味もあるというから、これが最もぴったりの字だったのだろう。

字のない時代から口述されてきた地名。これらを文書に記す時にどんな漢字を当てるかは大いなる課題だったに違いない。表意文字と表音文字、融通無碍《ゆうづうむげ》に使い途《みち》が選べる漢字であるが、そのどちらを採るかで迷ったかつての日本人の思いが、全国の地名には滲《にじ》み出ている。

◆平地の地盤にまつわる地名

東日本大震災では、広い範囲に土砂崩れや液状化といった災害が発生した。マンションの杭《くい》が岩盤に届いていないのが発覚した事件も記憶に新しく、自分の住んでいる地域の地盤について関心を持つ人が増えている。日本の可住地の多くが平地か緩傾斜地《かんけいしゃち》で占められているのだが、われわれの祖先たちはわずかな凹凸でもいろいろな特徴を見出し、そこにふさわしい地名を付けてきた。

その不安につけ込んで「○の字がつく地名の土地は危ない」といった言説が週刊誌やネットなどのメディアで拡散しているのは困ったものである。もちろん土地の特色を捉えて名付けられた地名が多いことは確かであるが、そんなに安易に地名の文字から判断することはできない。その理由は、地名が名付けられた場所と実際に人が住む場所との関係がどうであるか、もしくは命名されてから長い歴史の間で、その地名の示す範囲が変化したかどうかなどの評価が、個々の地名によって大きく異なるからである。

日本の人口は三大都市圏に多く集まっているが、それらはいずれも関東平野や濃尾平野、大阪平野という広い平野に位置している。特に、関東平野の広さは抜群で、その南部にあたる埼玉・千葉・東京・神奈川の一都三県だけで約三五〇〇万人、つまり日本の人口の三〜四分の一にあたる人たちが集まっており、その多くが平地に住んでいる。

しかし、大雑把に平地といってもいろいろな地盤がある。東京の西側が載っている武蔵野台地や名古屋の城下町を載せている熱田《あつた》台地、大阪城から南に伸びる上町《うえまち》台地などの台地はおおむね一二万年以上前に海底や川沿いの沖積地だったところが隆起したもので、地盤は比較的硬く安定している。

それらの地域の地名として代表的なものが「台」であるが、台のつく地名は戦後になってから乱発されたものも非常に多く、中には低湿地に少し土を盛っただけの新興住宅地に堂々と「〇〇台」と命名してしまったところも少なくない。「野原」という言葉もあるが、野と原の付く地名も台地上には多い。かつては、茫々《ぼうぼう》たる不毛の草地といった景観だったところが、近世に入って土木技術の発達とともに、たとえば玉川上水から分水された野火止《のびどめ》用水に代表されるさまざまな用水によって大規模な灌漑《かんがい》が行われ、以来畑での新田開発が進んだ。

新田という地名も目立つ。武蔵野台地上の地名には開発者の名を冠した鈴木新田、野中新田、本多新田などの地名が昭和三〇年代までは残っていた。おおむね、市制施行を機に「新田」の文字を削除しているが、これは戦後に農村集落から近郊住宅地へ急速に変貌していく際に農村らしい地名を忌避した側面がある。自分の住む土地の旧地名が「新田」であることをたまたま知って、新田イコール低湿地と思い込む人がいるかもしれないが、武蔵野台地の新田がほとんど畑であったことから見ても、それは当たらない。この場合は旧新田であっても実際には畑として用いられており、詐称された沖積地の「台」よりはずっと安定している。

次に、台地より標高が低い沖積地について。沖積地といえば軟弱地盤で地震の揺れも台地より大きいイメージがあるが、そう簡単でもなく、どの深さに硬い岩盤の層があるのかは場所によって違うし、同じ沖積地といっても一万年前に堆積したところと、三〇年前までは河道だったところを改修して造成した土地では、地盤の安定度は大きく違う。

低湿地に由来する地名としては、北関東に集中した例としてアクツという地名がある。阿久津とか明津《あくつ》、圷《あくつ》などの字が当てられるが、最後の圷は日本で作られた「国字」で、文字通り低い土地を表わしている。

似たような土地に付くものとしてはアワラ。こちらは特に北陸に多い。福井県あわら市の芦原《あわら》温泉は竹田川の沖積地にあり、標高は二～三メートルの水田地帯だ。ここで明治一六年（一八八三）に灌漑用の井戸を掘ったところ温泉が湧き出たという、いかにもアワラという地名にふさわしい温泉である。富山県高岡市の「あわら町《まち》」もこれに該当するが、かつては淡町《あわらまち》というイメージの湧きやすい字だったが、珍しい字であるためか仮名書きされて感覚がつかみにくくなった。

フケというのも低湿地由来だ。傑作な当て字が滋賀県守山市の浮気町《ふけちょう》。この地名が誕生した頃には、この語句が現代語のウワキを意味しなかったのだろう。茨城県取手市には小さなウワキならぬ小浮気《こぶけ》という地名もある。守山市は野洲《やす》川の、取手市の方は小貝《こかい》川の近くの、いずれも低湿地だったところだ、やはり難読な例として新潟県五泉《ごせん》市の土深《どぶけ》。JR磐越西線《ばんえつさいせん》の北五泉《きたごせん》駅西側、田んぼが広がる能代《のしろ》川の右岸にあるが、これは『角川日本地名大辞典』にも「低湿地であることによる」と由来が明記してある。

この地名の東隣にあるのが荻曽根《おぎそね》であるが、ソネといえば低地の中にあって周囲より

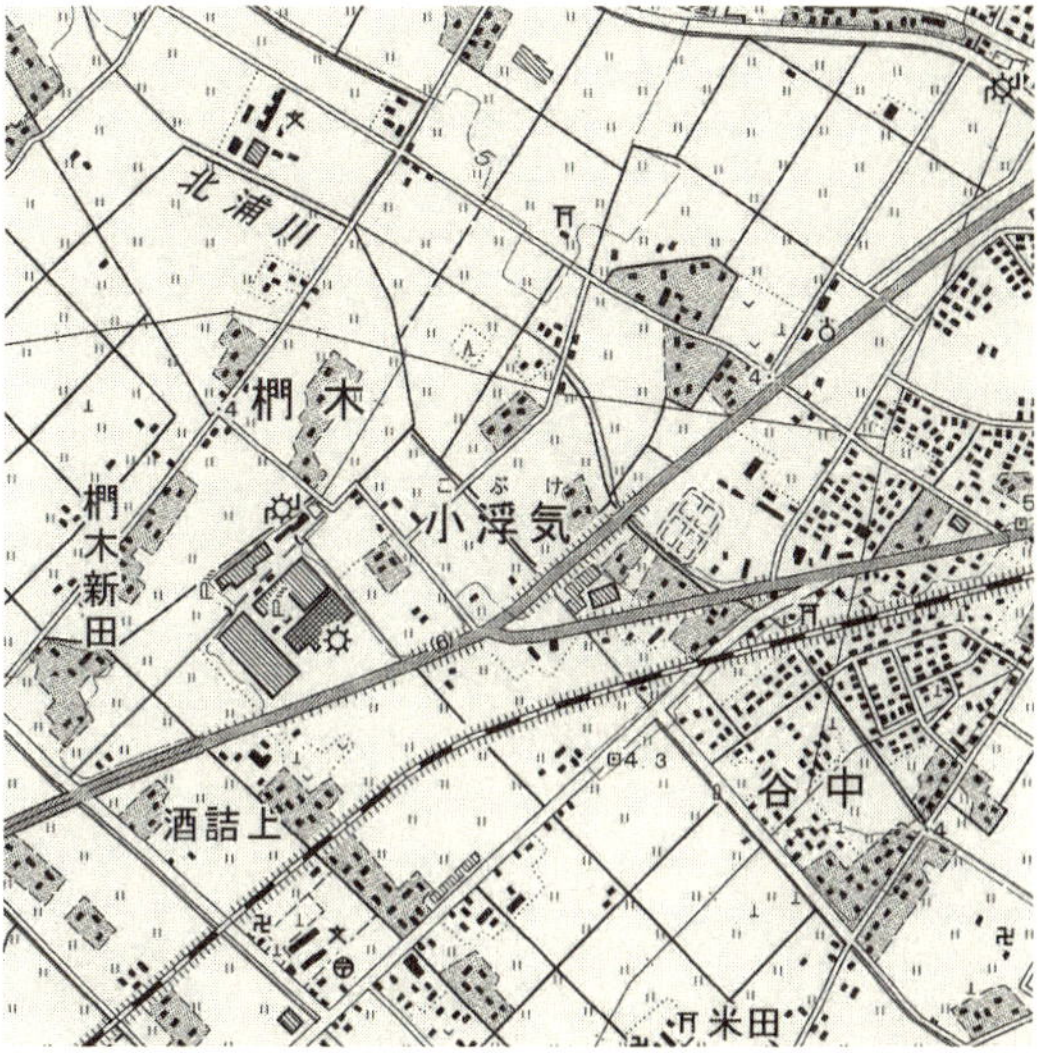

茨城県取手市の小浮気は小さなウワキではなく、低湿地「フケ」地名の一形態。1：25,000 地形図「藤代」平成 17 年更新

少し高い「微高地」で、多くは自然堤防にあたる。これは洪水時に川が上流からもたらす大量の泥や砂が堆積して少し高くなった川沿いの土地で、具体的には五〇センチほどから数メートルまでの比高があり、低地の人々は伝統的にそのような場所に住み着いた。そこに住むことで、洪水時にもわずかの差で浸水を免れることを経験的に知っていた先祖代々からの集落は、今でも水に浸かりにくい。元首相の中曽根さんも、遠いご先祖は微高地の出身だったのではない

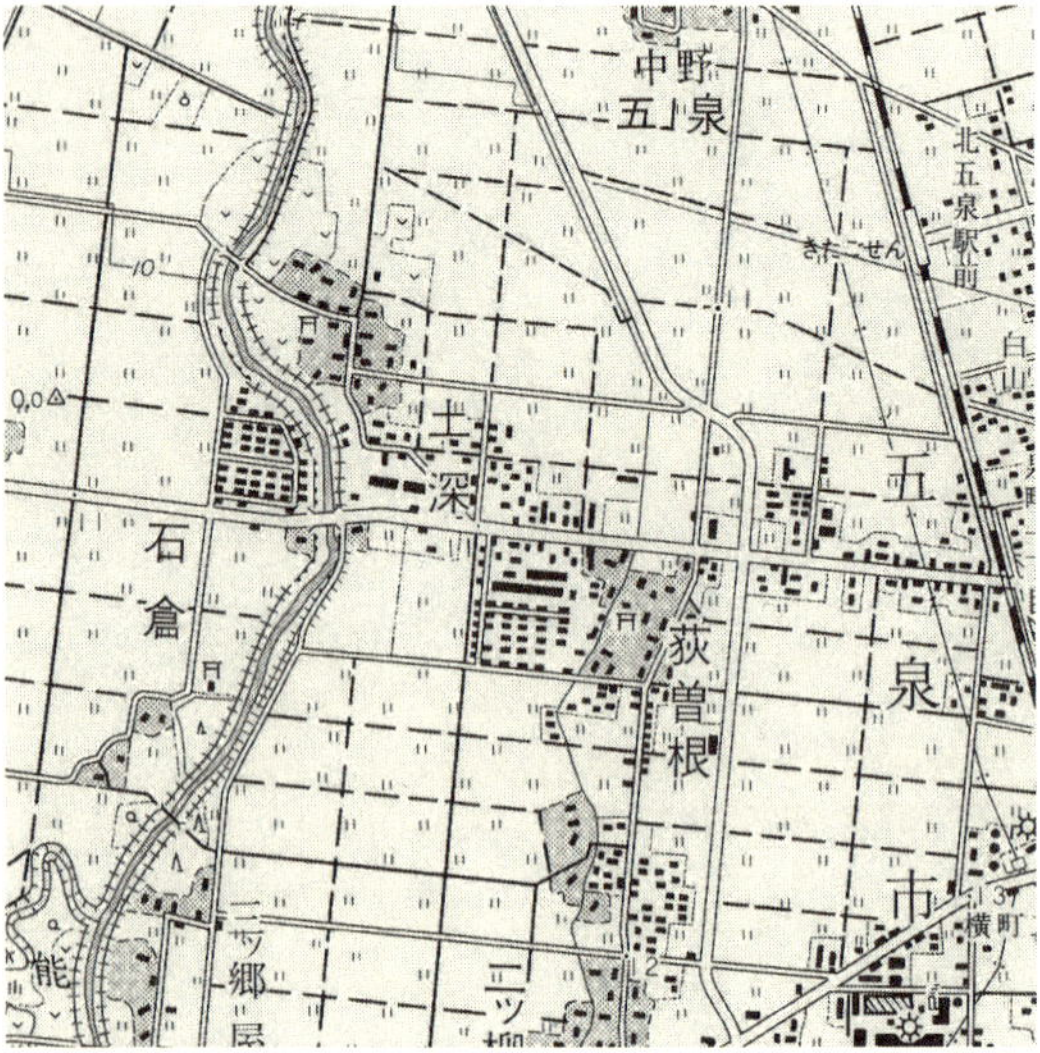

新潟県五泉市土《ど》深《ぶけ》は低湿地の地名「フケ」の一例。その東側にある荻曽根は微高地の地名「ソネ」。1：25,000 地形図「村松」平成元年修正

だろうか。

◆峠にまつわる地名

峠《とうげ》という漢字は、意外にも国字である。つまり日本国内で作られたものだが、山道を上って最高所を経て下るのが峠であるから、この字は感覚的にわかりやすい。有名な峠の名を思い浮かべてみれば、東海道では「天下の険」の箱根峠や鈴鹿峠、中山道なら碓氷《うすい》峠や鳥居《とりい》峠（長野県）などなど。

これらの峠のうち国境になる

ものは大きな川の流域の分水界を成していることも多く、たとえば碓氷峠は利根川水系と信濃川水系の分水界だし、鈴鹿峠は鈴鹿川と淀川の水系を分けている。分水界がそのまま古代から自然の国境であったものもあり、それが転じて今も引き続き都府県境であることも多い。たとえば箱根峠は相模国《さがみのくに》と伊豆国の国境が今は神奈川・静岡県境に引き継がれ、碓氷峠も上信国境（上野《こうづけ》国・信濃国）が群馬・長野県境となっている。

峠はしばしば交通の要衝であり、必要に応じて関所が設けられることもあった。奥州街道が陸奥《むつ》国へ入るところには白河関が、また古代東山道（近世では中山道）が美濃《みの》から近江《おうみ》へ抜けるところには不破《ふわ》関が設けられ、それにちなむ地名が関ヶ原だ。交通の要衝だからこそ合戦も起きる。

歩く旅人にとっては、長い山道を登ってきてようやく下りに転じる特別な場所でもあり、峠には神が祀《まつ》られた。通り過ぎる人はそこで道中安全を祈る。トウゲという言葉は峠の神に手向けるタムケが転じたものという説もあるし、稜線《りょうせん》として見れば鞍部《あんぶ》であることから古語のタワ（撓《たわ》んだところ）を越える、つまりタワゴエが転訛《てんか》したという説も唱えられている。ちなみに山形県の羽黒《はぐろ》山麓には第一の説を裏付けるかのように手向《とうげ》と

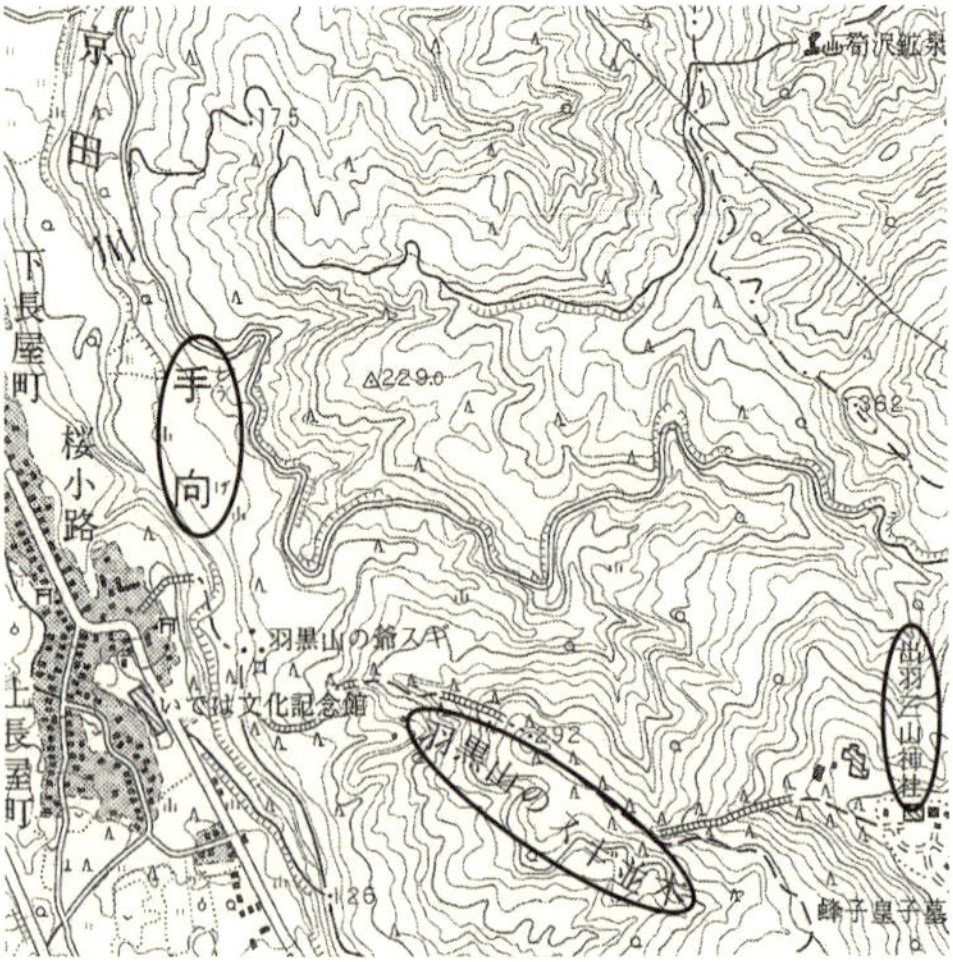

トウゲの起源とも言われる手向《とうげ》集落。出羽三山のひとつ羽黒山の麓にある。1：25,000 地形図「羽黒山」平成 11 年部分修正

いう集落がある（出羽三山神社なども手向の範囲内）。

峠の字を実際にタワと読む峠は中国地方に集中して今も各所に存在し、岡山県から鳥取県へ抜けるJR伯備《はくび》線内の最高地点に掘られている県境のトンネルは谷田《たんだ》峠《だわ》トンネル。何年か前に寝台列車「サンライズ出雲」に乗ってここへ差しかかった時には、この峠が日本海へ注ぐ日野川と瀬戸内海へ向かう高梁《たかはし》川の分水界であることを伝える、気の利いた車内アナウンスがあった。

峠でタワと読む例としては、他にも王居《おうい》峠《だわ》・草峠《くさんだわ》（広島県）、富峠《とみだわ》・鳥居《とりい》峠《だわ》・菊《きつか》ヶ峠《たわ》

（岡山県）、蛇《おろ》ヶ《が》峠《たわ》（岡山県〜鳥取県）など例は多く、最後の例などは蛇をオロと読むあたり、ヤマタノオロチとの関連を想像してしまう。オロというのは蛇の古語なのだろうか。岡山県内と兵庫県のごく一部には休乢《やすみだわ》（岡山県津山市）や首切《くびきれ》乢《だわ》（同県真庭市）などのように、乢《たわ》という特殊な「地方字」とでも言うべき字も使われている。

地方字といえば嵶《たわ》も峠を意味するやはり岡山県南部で用いられる特殊な字で、全部調べたわけではないが、特に倉敷市に集中しているようだ。地蔵嵶《じぞうがたわ》や引馬ヶ嵶《ひきうまがたわ》、それに瀬戸大橋に通じるJR瀬戸大橋線（本四《ほんし》備《び》讃線《さんせん》）には、下津井

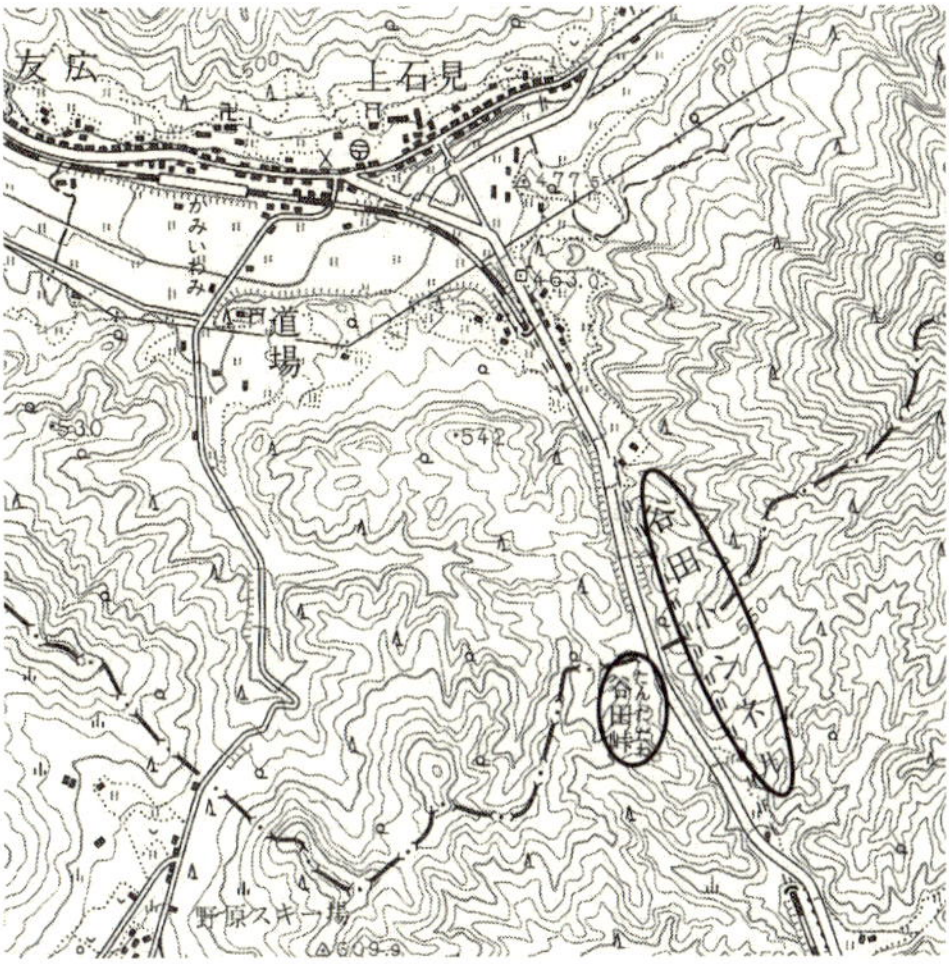

山陽と山陰を分ける分水界・谷田峠《たんだだわ》と伯備線谷田峠トンネル（地図表記は誤り）。1：25,000 地形図「上石見」平成5年修正

付近に新扇《しんおうぎ》の嵶トンネルもある。一方で山偏ではなく土偏に上下と書く垰の字は広島県と山口県にほぼ限られている。こちらも国字で、タワではなくタオ（ダオ）と読む。矢《や》地垰《じたお》・柿ノ木垰・国木垰などの峠（いずれも山口県周南《しゅうなん》市）、それに大字の名として垰《たお》（周南市・岩国市）という地名もある。山口県下関市内では、峠の字を用いるにもかかわらず山陰本線の梅ヶ峠駅は「うめがとう」と読む。これもタオが転訛したのだろう。

峠では旅人が峠の麓の宿で草鞋《わらじ》（沓《くつ》）を掛けて道中安全を祈ったことから、峠の前後には沓掛《くつかけ》という地名がしばしば残っている。碓氷峠の西側、軽井沢宿の次が沓掛宿で、しなの鉄道（旧信越本線）中軽井沢駅も昭和三一年（一九五六）までは沓掛駅と称した。探してみると面白いように峠の下に多く見つかるもので、東海道の鈴鹿峠の東麓《とうろく》や京都市西京区の山陰道老《おい》ノ坂峠の東側にもやはり沓掛があり、北陸道が近江から越前《えちぜん》へ向かう愛発関《あらちのせき》の南側にもある（現長浜市）。沓掛には少々違う用例もあって、富山県の黒部川西岸の沓掛（黒部市）は、川の渡し場の手前である。黒部川は夏場になると「四十八瀬」と呼ばれるほど枝分かれして手が付けられない暴れ川と化したため、やはり無事を祈って沓を掛けたに違いない。

峠の登り口に多く見られる地名では「坂下」も代表的だ。坂ノ下、坂之下なども同様だが、そのものズバリの地名で、東海道五十三次のうち、鈴鹿峠の東麓にある坂下宿《さかのした》（現亀山市関町坂下）が有名だ。また坂本、坂元、阪本も多い。中山道碓氷峠の群馬県側にあるのは坂本宿で、ここにも碓氷の関所が設けられていた。琵琶湖の西岸、比叡山《ひえいざん》へ向かう坂道の下にあるのも坂本（滋賀県大津市坂本・下阪本）で、こちらはJR湖西線に比叡山坂本駅、京阪電鉄石山坂本線に坂本駅がある。

他にも全国各地の無数の小さな峠道の麓に同じような地名が分布しているが、珍しい例としては熊本県阿蘇市の坂梨《さかなし》。これは熊本〜大分を結ぶ豊後《ぶんご》街道の滝室坂の麓にあることから「坂をなしている所」からきたという説がある。地元では「大阪に坂なし、坂梨に坂あり」という俗諺《ぞくげん》が知られているという。

◆富士山の地名

日本の最高峰・富士山が平成二五年（二〇一三）にユネスコの世界文化遺産に登録された。地元で「誘致活動」を開始して二一年、ようやく念願かなったのである。自然遺産では難しかったため、文化遺産としての登録であった。古くから信仰登山が盛んで、江戸時代には多くの町に「富士講」が結成され、多くの人が富士に登った。ちなみに国の最高峰が首都から望めるというのは、世界を見渡しても珍しいらしく、それが江戸の町に多数の富士講を立ち上げさせた要因ではないだろうか。一〇〇キロ離れた東京から見てもかなりの存在感で聳《そび》えており、それだけに南関東では無数の学校の校歌にこの山は詠われている。日本人にとっては単なる最高峰というよりは「精神的な拠り所」の領域に入っているのかもしれない。

このように富士山は遠くからでも見えるので、「富士見」を名乗る町は非常に多い。『角川日本地名大辞典』(CD-ROM版)で検索してみると、富士見が二八か所、富士見町が四七か所(これに加えて異体字の「冨」を用いた埼玉県行田市冨士見町)、富士見台が一七か所、富士見が丘(富士見ヶ丘)が七か所、富士見平、富士見原が各一か所などとなっている(以上は見出しの数。富士見町→富士見などの改称は原則として重複せず)。この辞典に載っているのは、これまでに存在した地名を網羅しているので、住居表示や町名地番整理ですでに消滅した町も含まれているが、それにしても多い。これらの多くは市町村内の町や大字の地名であるが、自治体名としても埼玉県富士見市、ふじみ野市、長野県富士見町がある。

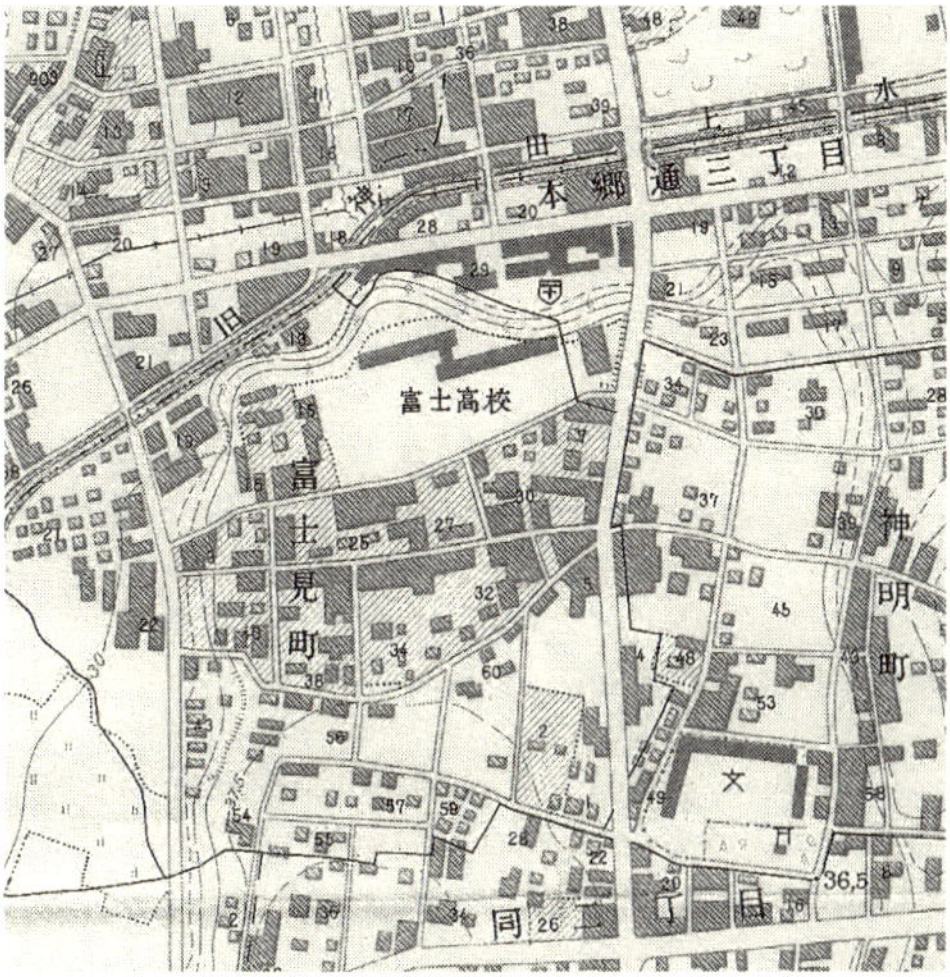

今はなき東京都中野区の富士見町（現弥生町）。丸ノ内線の中野富士見町駅（図では未開業）と富士高校に名残をとどめる。1：10,000 地形図「中野」昭和 31 年修正

興味深いのは、富士見町の分布が富士山が見えないはずの土地にも及んでいることだ。最北端はなんと北海道の利尻町（利尻島）で、知床の羅臼《らうす》町にもある。東北には三か所、関東や東海は必然的に多く、関西にはぽっかり空白があるけれど、鳥取県米子市から「復活」して岡山、広島、香川、佐賀などに点在して長崎市の富士見町が最南端・最西端である。

以上の事例から明らかなように、

富士山といっても「本家」の富士とは限らない。たとえば長崎市の富士見町は「地内から見る金比羅山《こんぴらやま》が富士山に似ていることにちなむ」(『角川日本地名大辞典』)とあるように、遠くの富士見町は全国各地にある「○○富士」の異名をとる無数の「ご当地富士山」にちなむものが多い。最北端の富士見町も、本家の富士山からは一一○○キロも離れているが、利尻島の中央に聳える利尻山が「利尻富士」と呼ばれているので、これを遠望する所として古くから親しまれたことにより、昭和一○年(一九三五)に命名されたという。いずれにせよ、それだけ多くの「ご当地富士」が誕生していることは、本家の富士山が保持してきた「日本の山の代表格」の不動の地位の証明と言えるかもしれない。

釧路市の新富士町から富士山が見えないのは言うまでもないが、富士製紙(現日本製紙)の工場専用線の分岐駅として大正一二年(一九二三)に開業した根室本線新富士駅にちなむ町名だ。このケースは本家の富士山麓が発祥の地である富士製紙の会社が地名を輸出した形である。

意外なのは、富士山の直下もしくは山頂を行政区画に含む自治体、たとえば山梨県富士吉田市、静岡県富士市、御殿場市などに富士見の地名が見当たらないことである。これは想像するに、あまりに近すぎるとどこへ行っても目に入るため、あえて特定の領域に富士見と名付ける気分になれないのかもしれない。それでも同じく富士直下にあたる富士河口湖町の大字船津には、通称ではあるが「富士見町」が存在する。富士山から最も近い富士見町だろうか。

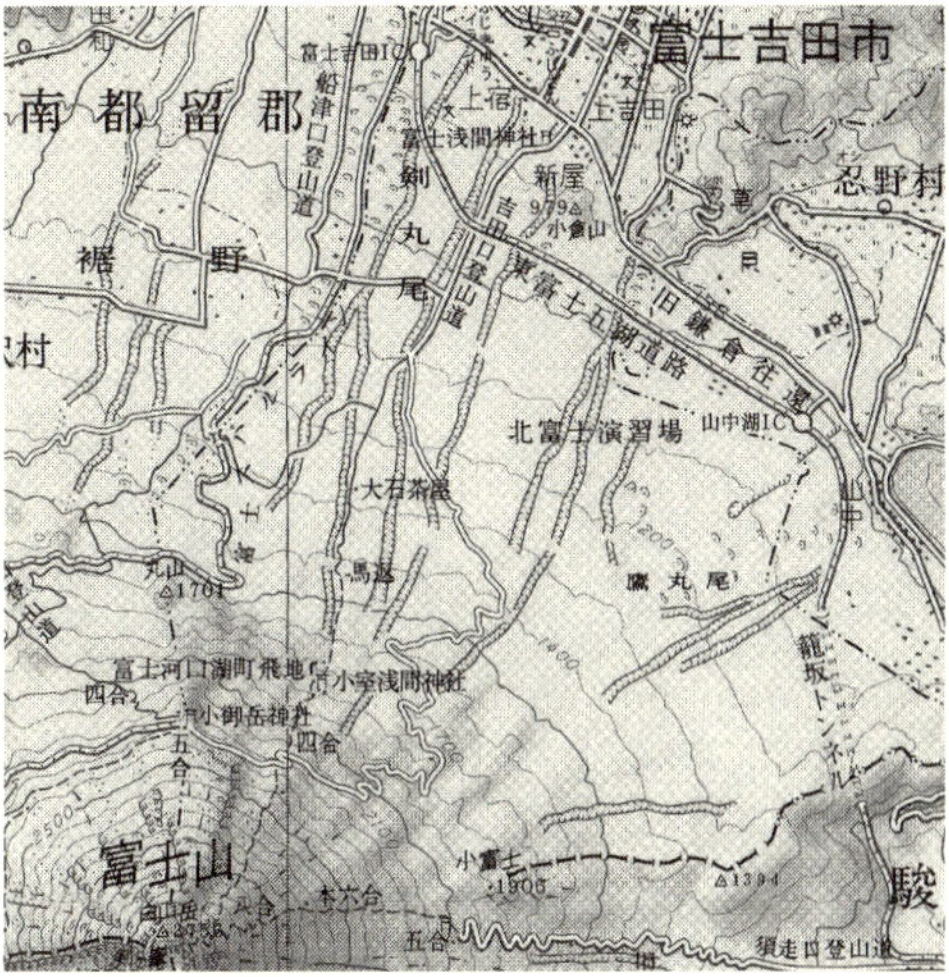

富士山駅のある富士吉田市と富士山。1：200,000 地勢図「甲府」平成 23 年要部修正

富士急行線には富士山という駅がある（山梨県富士吉田市）。平成二三年（二〇一一）に富士吉田から改称されたものであるが、富士山観光に力を入れようとする会社の強い意欲が伝わってくる。外国人観光客が急

増する富士山であるが、スマホ隆盛の昨今では、成田空港に着いた彼らが「富士山」またば「Fujisan」と検索すれば、懇切丁寧に接続案内して富士急線に誘い込んでくれるため、その意味でも実り多き改称だったのだろう。

改称された直後の報道では、南の静岡県側が富士山の名を独占されて「面白くない」という感想も伝えられたが、静岡県富士市の富士駅も歴史は古いが、同じ発想に基づく命名であることはあまり知られていない。この駅は明治二二年（一八八九）に東海道本線が全通した時には存在せず、駅が設置されたのは二〇年後の同四二年のことである。当時の所在地は富士郡加島《かしま》村で、そのまま加島駅にという請願もあったが、結局は富士山や富士川にちなんで富士駅と命名された。加島村という自治体名も昭和四年（一九二九）に駅名と同じ富士町に改称され、その後周囲の村や吉原市を合併して現在の富士市に続いている。

北側の富士吉田市も、富士吉田駅ができた昭和四年（一九二九）の時点では南都留《つる》郡福地《ふくち》村で、中心市街が上吉田であった。ここは富士登拝を案内する御師《おし》の集落として発達したところである。戦後の昭和二二年（一九四七）に町制施行した際に富士上吉田町と改められ、同二六年の市制施行で下吉田町などと合併、駅名と同じ富士吉田市となった。こちらも最終的には駅名に合わせたことになる。もっとも、今後新駅名に合わせて富士山市などと改称するつもりかどうかはわからない。

◆川にちなむ自治体・区名が急増

戦前の昭和一五年（一九四〇）に東京市三五区の中で最も人口が多かったのは三五・一万人の荒川区である（二〇一五年一一月は二一・二万人）。現在九〇万人を超える世田谷区は二八・二万人に過ぎなかった。さてこの荒川区、実は荒川に面していない。なぜそんな命名をしたのかといえば簡単で、現在の隅田川がかつての荒川本流であったからだ。こちらにはちゃんと接している。

川にちなむ区を探してみると、東京にはもうひとつ江戸川区がある。荒川区と同じく昭和七年（一九三二）の命名で、千葉県との境界を成す江戸川の名を採用した。大阪市には東淀川区・淀川区・西淀川区の三区が淀川に面して並んで壮観だが、このうち東西の二区が大正一四年（一九二五）と古いのに対して、まん中の淀川区は東淀川区から昭和四九年（一九七四）に分割された意外に新しい区である。

一方、名古屋市中川区は運河の名前だ。もとの中川は小さな流れであったが、昭和四年（一九二九）に見違えるような広い幅の中川運河に改造され、その北端には鉄道の笹《ささ》島《しま》貨物駅も開業、名古屋市南部の流通の結節点となった。それ以来重要な役割を果たし始めたこの運河が、昭和一二年（一九三七）に誕生した区名への採用につながっている。ついでながら人工河川を名乗る区のもう一つが千葉市の花見川区（平成四年）である。花見川は洪水の常襲地帯であった印旛《いんば》沼《ぬま》周辺の水を東京湾へ排水するために開削されたものだ。

川の名を語る区名はその後は誕生していないが、平成の大合併では川にちなむ自治体名が急増した。昨今では主流の「対等合併」では既存の市や町の名前にしにくい事情もあり、旧郡名などの広域地名ですんなりまとまらない場合、ご当地の山河なら合意が得やすいということで好まれるらしい。

四国では二つの代表的な大河がどちらも市名になった。四万十《しまんと》市と吉野川市である。このうち四万十市は由緒ある城下町の中村市と西土佐村が平成一七年（二〇〇五）に合併したもので、「対等合併」とはいえ両者の規模の差は歴然としている。中村の名を守るかどうかより、今や日本の清流のシンボル的存在となった四万十川の名前がぜひとも欲しかったようだ。この川の高い人気の証拠に、四万十市に隣接して四万十町が窪川《くぼかわ》町など三町村合併で翌一八年に誕生している。このあたりの道路標識では「四万十市（旧中村）↑ ↓四万十町（旧窪川）」のような苦笑を誘うものもあり、そのわかりにくさは半端でない。

複雑ついでに申し上げるが、旧中村市には以前から四万十町という町があった。文字通り川沿いの、四万十川橋（赤鉄橋）のすぐ下流側東岸である。中村市四万十町と称したが、四万十市となったのを機に他の町名とともに旧市名の「中村」を冠して中村四万十町となった。つまり四万十市中村四万十町である。二つの四万十に中村が挟まれた形だ。

一方で隣の四万十町になった旧窪川町の北部の山中に、実は中村という大字があった。もとは窪川町中村であったが、合併で四万十町となってから四万十町中村になった。要するに四万十市中村四万十町という地区と、四万十町中村という地区が、隣り合った自治体に存在することになったわけだ。混乱しないだろうか。そもそも将来四万十町が市制施行したら（実現しそうにないが）四万十市とするわけにもいかず、北四万十市あたりにするのか。他人事《ひとごと》ながら気になる。

吉野川市は旧麻植《おえ》郡の鴨島《かもじま》町・川島町・山川町・美郷村が平成一六年（二〇〇四）に合併した。吉野川下流の南岸だけの狭い面積なので、代表で吉野川を名乗るのはいかがなものか、など周辺から異論がくすぶりそうだが、四万十市・町のような紛らわしさはない。

信州には平成一五年（二〇〇三）に千曲《ちくま》市が誕生した。更埴《こうしょく》市と戸倉町、上山田町の三市町の合併である。ここも小さな市だが日本一長い川の名を（長野県部分だけではあるが）独占した形だ。もともと更埴市というのは更級《さらしな》郡と埴科《はにしな》郡という二つの郡名をつないだ合成地名であり、「こうしょく」という音も「好色」に聞こえるとして好まれなかったそうで、千曲への改名は歓迎の声が大きかったようだ。

その隣の新潟県でも川にちなむ市名・町名がいくつか誕生している。阿賀野《あがの》川の下流部、水原《すいばら》町・安田町など四町村が合併した阿賀野市（平成一六年）と、その上流側では阿賀町（平成一七年）。鹿瀬《かのせ》町・津川町ほか四町村の合併である。四万十川のケースを思い浮かべてしまうが、町の方は表記に「野」がない。実は福島県側ではこの川は阿賀《あが》川と称するので、町域が新潟県ながら旧会津藩領であったため「阿賀川」に馴染みやすかったのかもしれない。もう少し北側には胎内《たいない》川流域に胎内市もできた（中条町・黒川村。平成一七年）。一度聞いたら忘れられない。

かつての藍の産地・吉野川の旧麻植《おえ》郡は吉野川市となった。
1：200,000 地勢図「徳島」平成 22 年修正

　他にも京都府最南端には淀川の支流の名を付けた木津川市（木津町など三町。平成一九年）、青森県の津軽平野には岩木川の支流の平川にちなむ平川市（平賀町など三町。平成一

八年）、和歌山県の紀ノ川流域には紀の川市（粉河《こかわ》町など五町。平成一七年）、茨城県の筑波山北側には桜川市（真壁町など三町村。平成一七年）、秋田県・八郎潟の北側では三《み》種《たね》川にちなむ三種町（琴丘町など三町。平成一八年）などが相次いで誕生している。かなり小規模河川が含まれているのは、合併における新自治体の命名の難しさを反映しているのかもしれない。

阿賀野川に面した新潟県阿賀野市。東隣に阿賀町がある。
1：200,000 地勢図「新潟」平成 16 年修正

◆海岸にちなむ地名

日本で最も人口の多い市は横浜市である。平成二七年（二〇一五）三月一日現在の人

口が三七〇万九四六七人と、第二位の大阪市（同日付で二六八万七三二二人）との差がついに一〇〇万人を超えた。横浜は安政六年（一八五九）に江戸からほど近い国際貿易港としてスタート、日本の近代化の窓口という位置づけで発展した港町であるが、開港五〇周年の節目にあたる明治四二年（一九〇九）に森鷗外《おうがい》が作曲した「横浜市歌」に「むかし思へば苫屋《とまや》の烟《けむり》ちらりほらりと立てりし処《ところ》」と詠《うた》われている通り、その昔は海辺のささやかな漁村であった。ちなみにその発祥地を記念して命名されたのが現在の「元町」である。かつては深く湾入していた海に向けて浜（砂嘴《さし》）が岬のように突き出しており、その「横に伸びる浜」が横浜の地名の由来という。

当初アメリカは神奈川での開港を要求していたのだが、ここは天下のメインストリート東海道の宿場町でもあり、一般人と外国人との無用な接触が何かと厄介を引き起こすと考え、湾の対岸に位置する横浜で妥協してもらったのがその発展の始まりだが、もし要求通りに神奈川で開港していたとすれば、神奈川市であったことはまず間違いないだろう。神奈川の名は県名と横浜市の神奈川区として残っているが、地名の運命はわからないものである。

千葉県の九十九里浜に沿っていくつも並ぶ「納屋集落」。1：50,000 地形図「茂原」平成 18 年修正

一般に浜といえば砂浜を指すことが多いが、農村の「在方《ざいかた》」に対して漁村を「浜方」とも呼び、地名にそれが反映されていることもある。千葉県の九十九里《くじゅうくり》浜の北半分には「浜」のつく地名が文字通り浜沿いにズラリと並んでいるが、これは本村から離れた海岸近くの漁具小屋から発展した集落で、吉崎―吉崎浜（匝瑳《そうさ》市）、駒込―駒込浜、神宮寺―神宮寺浜、井戸野―井戸野浜（以上は旭市）など、内陸と海岸のペア地名になっている。九十九里浜の南半分では「納

屋集落」が有名で、牛込―牛込納屋、剃金《そりがね》―剃金納屋、五井―五井納屋、八斗《はっと》―八斗納屋（以上白子町）のように並んでおり、ここを結ぶ路線バスには○○納屋というバス停が連続している。江戸時代のデータを見ると九十九里浜の海岸線は毎年約二メートル以上も前進しており、当初の漁村がどんどん内陸になってしまい、漁具を浜沿いに置き始めたのが納屋集落発生の背景という。

ちなみに九十九里浜は五六キロの長さにわたって弧を描く砂浜海岸であるが、全長が九九里あることから名付けられたという説がある。近世の里（三六町＝約三・九キロ）で計算するとまったく合わないけれど、古代の里（六町＝約六五四メートル）なら当たらずとも遠からずで、これなら八六里。九は重陽《ちょうよう》の節句（九月九日）でも知られる通り縁起のいい数字であることから、命名はそれに合わせたのかもしれない。ついでながら、大阪では堂島浜や北浜などのように「浜」を伝統的に河岸の意味で用いてきた。

漁村はかつて普通名詞として「浦」が用いられ、この字のつく地名も浜に劣らず多い。もともと浦は「入江」を意味したが、転じて漁村を意味するようになった。長崎県の壱《い》岐《き》島（壱岐市）では漁村由来の地名が「浦」であるのに対して農村由来の地名は「触《ふれ》」

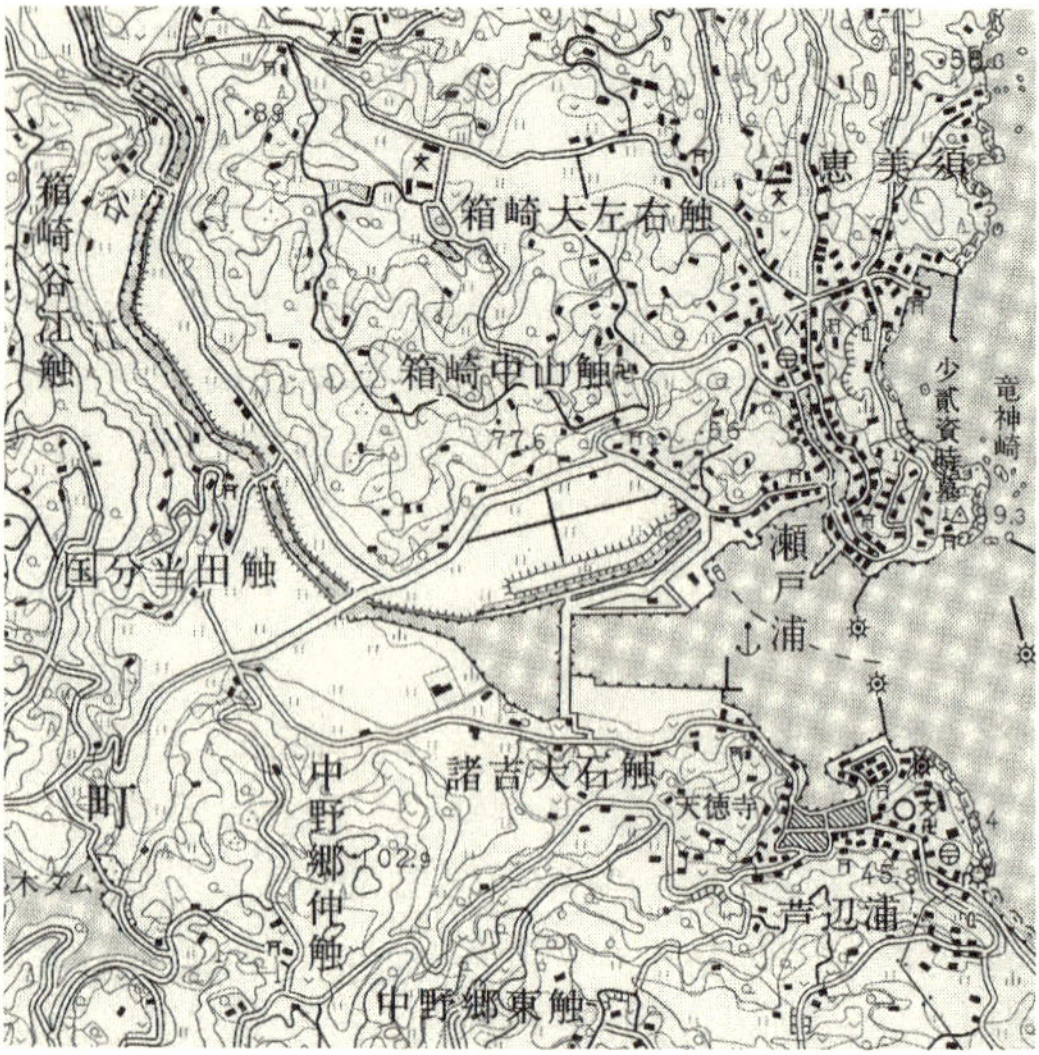

長崎県の壱岐島にある伝統的な「触」と「浦」の地名。
1：50,000 地形図「勝本」昭和 60 年修正

と称するが、これは近世以来ずっと続く珍しい区分だ。たとえば壱岐市の旧芦辺《あしべ》町では芦辺浦や瀬戸浦など海沿いの旧漁村の内陸側に諸吉東触《もろよしひがしふれ》、箱崎中山触などの旧農村がある。現在集落の意味で「触」を名乗るのは全国でもこの壱岐だけ（江戸時代の福岡藩領には存在）で、フレは古い朝鮮語の「村」に由来しているという。

港の意味をもつ字では古くから「津」が地名に用いられてきた。大津（滋賀県）、沼津・焼津（静岡県）、江津（島根県）、唐津（佐賀

県）、新津（新潟県）、木更津（千葉県）、宮津（京都府）、中津（大分県）などのように上に一文字付くのがふつうで、数多く市名になっている。三重県の津市は一文字だけだが、これは安濃《あのう》川河口の港を意味する「安濃津」が省略された形だ。似た例では香川県の予讃《よさん》線と土讃線の分岐駅である多度津《たどつ》は多度郡の港、瀬戸大橋線の四国側の駅がある宇多津は鵜足《うた》郡の港である。

地名学の泰斗・鏡味《かがみ》完二さんの『日本地名学』によれば、津は河川交通に重きを置く地名であるそうで、ここに挙げた事例はほぼ河口港である。

これに対して泊《とまり》の地名は海上交通の地名とされ、大泊（石川県など）、中泊（愛媛県）、寺泊（新潟県）など例は多いが、津と違って市名がひとつもないのはなぜだろうか。トマリはアイヌ語にも移入されており、利尻島の本泊はポン・トマリ（小さな停泊地）に、また北海道唯一の原子力発電所がある泊村もモイレ・トマリ（静かな停泊地）に由来するという。

浜沿いの珍しい地名としては三重県の「竈《かま》」がある。いわゆる南島八ヶ竈《はちかがま》と呼ばれるもので、このうち現在も大方《おおかた》竈、道行《みちゆく》竈、小方《おがた》竈、栃木《とちのき》竈、棚橋竈、新桑《さらくわ》竈の六か所が大字の地名として残っており、赤崎竃と相賀竃《おうか》は明治期に合併で消えた。竃とは塩を焼く竃《かまど》に由来しており、平家の落人《おちうど》が始めたという伝承がある。いずれもリアス式海岸の小さな湾の奥に位置しているが漁村ではなく、製塩の専業集落として長らく継続してきたものだ。

第二章　命名それぞれの事情

◆同じ地名を東西南北で区別する

東村山市、東大阪市、東久留米市。いずれも「東」のつく市であるが、意味合いは少しずつ異なっている。最初の東村山市は、中世の武士団である武蔵七党のひとつ、村山党の本拠地である村山地方の東部にあたることから、明治二二年（一八八九）の町村制施行の際に野口、回田《めぐりだ》、久米川、大岱《おんた》、南秋津の五村が合併した際に命名されたものだ。村山エリアの中であり、東西に分けたうちの東側という意味である。

東大阪市は昭和四二年（一九六七）に枚岡《ひらおか》市・布施市・河内《かわち》市の三市が合併して誕生した。東村山と違うのは、大阪の中の東側に位置しているのではなく、大阪市の東に隣接しているという意味だ。もちろん大阪府内ではあるので「大阪の中の東側」という解釈が成り立たないわけでもないが、この場合は明らかに巨大都市・大阪の「東隣」を意識している。

最後の東久留米市は明治二二年の町村制施行の際には久留米村であった。クルメはもともと曲流する川を表現する用語とされ、市内を流れる黒目川《くろめ》も同じ語源の「クルメ」に由来するようで、かつては久留米川と表記された時期もある。この川は今でこそまっすぐ、または緩いカーブで流れているが、昭和四〇年代から行われた河川改修以前には実際に激しく（目くるめく？）蛇行していた。

東京都北多摩郡久留米村は戦後になって宅地化が進み、人口が急増する。昭和三一年（一九五六）に村は久留米町となり、同四五年には市制施行を迎えるのだが、「市名は同名を避けるべし」という当時の自治省の行政指導により久留米市はダメ。こんな場合は旧国名や東西南北を冠して新市名とするのが一般的であり、高田市（現上越市）と区別するための豊後《ぶんご》高田《たかだ》市や大和高田市などが一例であるが、久留米町の場合も同様に福岡県の久留米市（明治二二年市制施行）と区別するため、それよりはるかに東に位置することから東久留米市としている。

ただし西武池袋線の駅名は大正四年（一九一五）に開業した当時（武蔵野鉄道）から同じ理由で鹿児島本線の久留米駅と区別するため東久留米を名乗っており、結果的には市民にとって昔から馴染《なじ》んだものとなった。駅名の重複回避はやはり同じように大正時代から行われていた。全国規模で旅客や貨物が動く鉄道では、特に貨物にとっては遠距離であっても同名の駅は混乱の元なので、それを予防するための措置である。

埼玉県の東松山市も、東武東上線の駅名はかつて武州松山と旧国名を付けて四国の松山と区別していた。しかし比企《ひき》郡松山町が昭和二九年（一九五四）七月一日に周囲の四村と合併して市制施行した際には武州松山市とはせず、愛媛県松山市より東に位置することから東松山市としている。駅名の方は三か月後の一〇月一日に市名に合わせて東松山と改称した。

市制・町村制以前に行政区画を定めた明治一一年（一八七八）の「郡区町村編制法」では、広い郡の分割、狭い郡の統合が行われたが、同じ郡内で同一名称の村が複数ある場合にはやはり同様に東西南北を付けて区別する方法が行われた。たとえば明治に入って神奈川県に所属した多摩郡。現在は東京都に入っているが、広大な多摩郡はこの時に東西南北に分けられた。東多摩郡（現中野区・杉並区）のみ東京府に入り、早い時期に郡の統合で消滅（豊多摩郡）したので、当初神奈川県にあった西・南・北多摩郡のエリアを指して今でも「三多摩」という。
このうち、南多摩郡には中野村、長沼村、大沢村、寺方《てらかた》村、平《たいら》村がそれぞれ二つずつ存在したため、これらを区別する必要が生じた。たとえば中野村の場合、江戸時代には同じ多摩郡でも「柚木《ゆぎ》領中野村」と「小宮領中野村」で区別していたが、郡区町村編制法下では次のように東中野村・西中野村と東西で区別することにした。各村の変化は次の通りだが、最後の平村だけは双方が小宮領であったため、江戸期には北の方を「山の根の平村」として区別したという。

柚木領中野→東中野　小宮領中野→西中野
府中領長沼→東長沼　由《ゆ》井《い》領長沼→西長沼
柚木領大沢→南大沢　拝島領大沢→北大沢
日野領寺方→東寺方　由井領寺方→西寺方

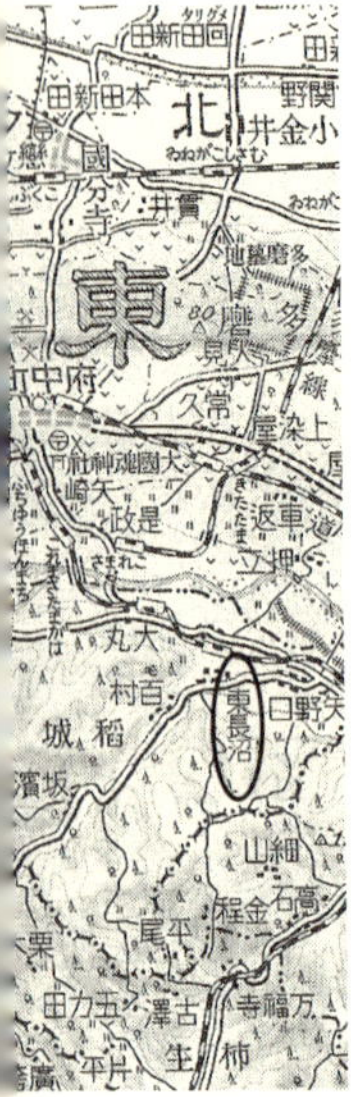

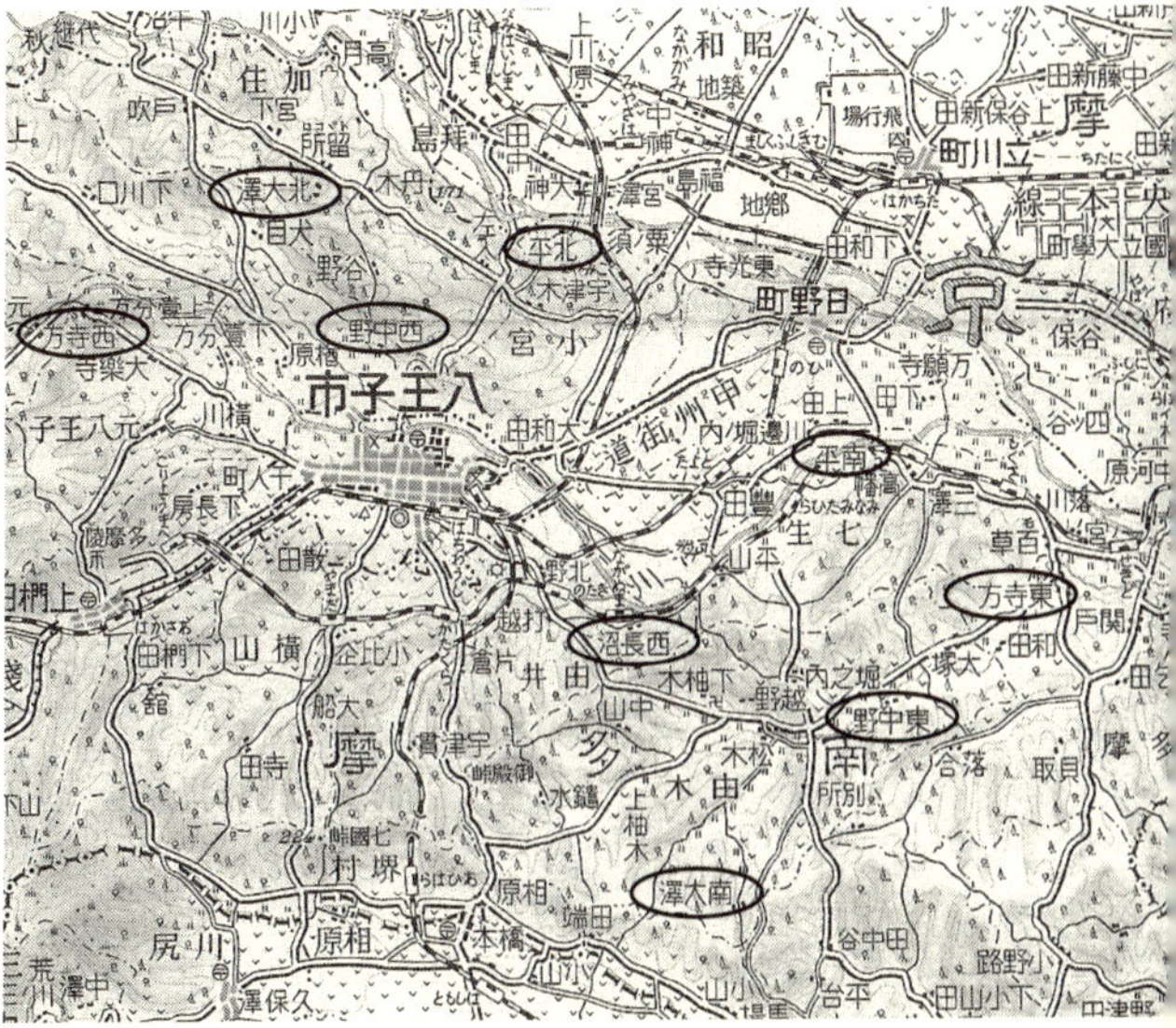

東京府南多摩郡に見られる東西南北のついた地名（○で囲んだもの）。郡内にある同一名称の村名を区別するための措置であった。1：200,000 帝国図「東京」昭和9年修正

小宮領平（山の根の平村）
↓北平　小宮領平↓南平

明治二二年の町村制では数か村が合併して「行政村」が誕生したのに伴い、これらの村はそれぞれ「大字」となり、次のようになった。

由木村大字東中野　小宮村
大字西中野
稲城村大字東長沼　由井村
大字西長沼
由木《ゆぎ》村大字南大沢　加住村

大字北大沢
多摩村大字東寺方　恩方《おんがた》村大字西寺方
小宮村大字北平　七生《ななお》村大字南平

本来ならば「行政村」の大字となったこの時点で東西南北は外しても支障なかったはずだが、そのまま大字名に踏襲されている。それでもその後の自治体の対応によっては東西南北を外して原形に戻したり、まったく別の町名にする例もあった。

たとえば八王子市ではその後西長沼を長沼町、北平を平町とする一方で北大沢は加住町と改称している（北が嫌われたのだろうか）。一方で南大沢の南が外されなかったのは、「外した時期」にまだ八王子市内ではなく、由木村に所属していたためだ。また、南平は隣の日野市（旧七生村）なので対応が異なり、その後も南の字が残って京王線の駅名にもなっている。

郡内の同一名称村への対応は南多摩郡だけでなく全国各地で行われており、各所にその名残の「東西南北地名」として健在だ。それでも全体から見れば少数派であるため、

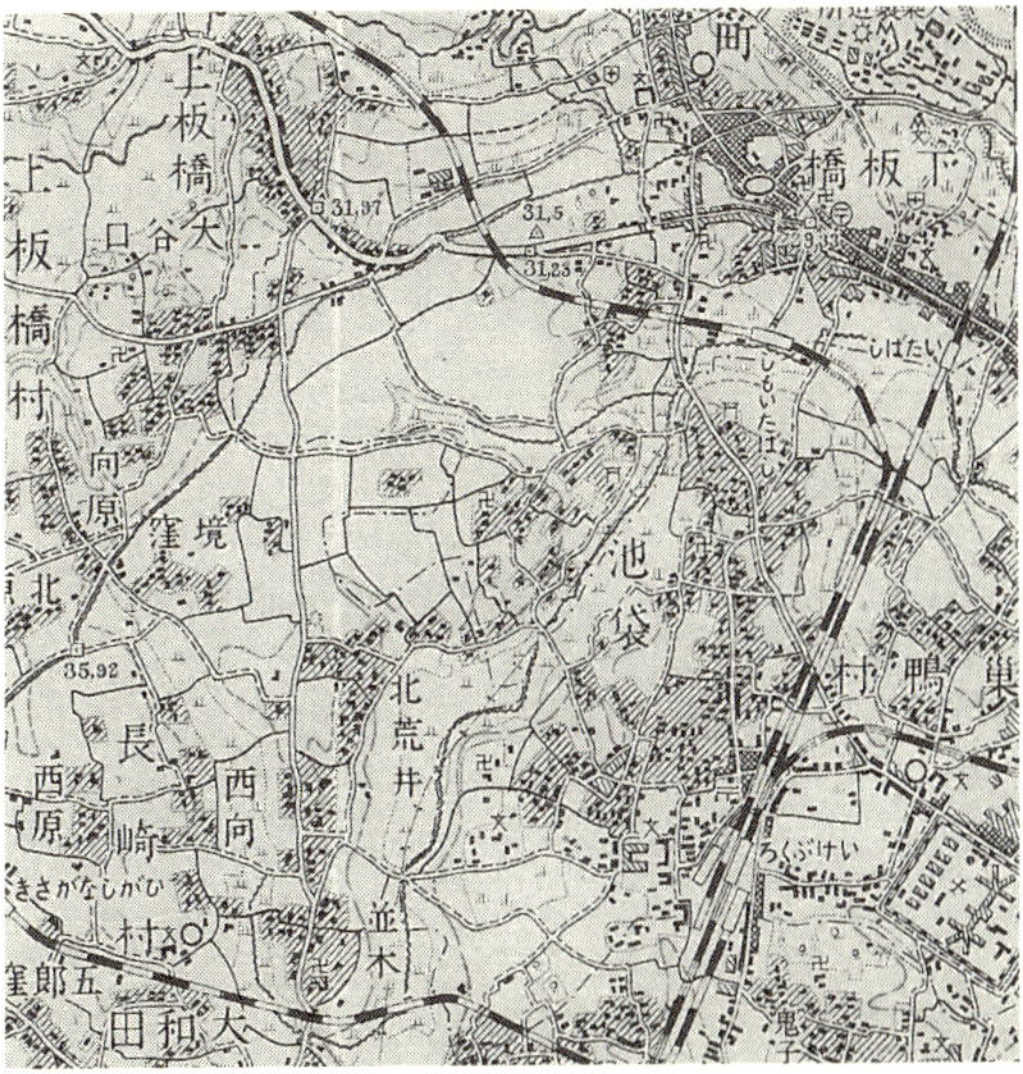

上板橋村と下板橋（板橋町）。北西へ向かうのが東武東上線。1：50,000 地形図「東京西北部」大正 8 年鉄道補入

東西や南北の「ペア町名」は隣り合っているのが普通であるため、たとえば多摩ニュータウンの一部となった南大沢在住の人に、かつての「北大沢」が一〇キロ近くも離れていたという話をすると驚かれる。

◆カミの地名・シモの地名

東武東上線の駅には下板橋・中板橋・上板橋と三種類の板橋が揃っており、西武新宿線には下井草と上井草がペアで存在する。京王線には下高井戸駅があり、昭和一二年（一九三七）までは上高井戸駅もあった（現芦《ろ》花《か》公園駅）。これらの位置関係を見ると、いずれも上のつく駅が西側にあり、下は東になっている。これをもって「昔は京都に近い方に上の字を付けた」ともっともらしい説を信じる人が意外に多いのだが、これは誤りだ。

例えば、長野県の諏訪湖《すわこ》に面した中央本線の上諏訪駅（諏訪市）と下諏訪駅（下諏訪町）の関係は京都から遠い東側の方が上諏訪だし、京都駅を起点とする山陰本線で隣り合っている上夜久野《やくの》・下夜久野の両駅（京都府福知山市）は、京都に近い方が下夜久野である。これだけ挙げれば十分だろう。京都に近いか遠いかということではなく、地名の上下は要するに同じ流域の上流側か下流側かの違い（実質的には標高の上下）、というのが基本である。

上下の地名はペアで隣り合っていることが多いが、ざっと見たところ江戸初期に分かれたところが多いようだ。例えば、東京都の区名にもなっている板橋は、もともと中山道に架かる板の橋に由来する地名というが、江戸初期に上板橋村と下板橋村に分かれたという。同じく、東京の目黒は江戸初期に上目黒・中目黒・下目黒の三か村に分村した。ついでながら、現在の目黒区内には上目黒・中目黒、目黒・下目黒と目黒のつく地名が四つあり、目黒川に沿って上流側から順に並んでいる。

諏訪湖畔に並ぶ上諏訪と下諏訪。天竜川は西側へ流れ出る。
1：200,000 帝国図「長野」昭和 11 年修正

思えば、京都でも上京《かみぎょう》と下《しも》京《ぎょう》という呼称が、応仁の乱があった一四世紀末から一五世紀初頭にかけて用いられるようになった。当時の上京と下京の境界はおおむね二条通だったというが、明治に入って引き継がれた上京区と下京区の境界は三条通付近に変わっている。京都の場合も鴨川《かもがわ》の上流側が上京で下流側が下京で他の地名と同様だが、もっとも中国式の都市は風水的に見て山を背負って南側に水を

配置するのが常道であるから、必然的に御所や宮殿が置かれるのは標高の高い方となる。ついでながら、京都市の中京区は歴史がずっと新しく、昭和四年（一九二九）に上京・下京の両区から少しずつ割いてまん中に設置したものだ。上京区と中京区の境界はおおむね丸太町《まち》通、中京区と下京区の境界はほぼ四条《しじょう》通となっている。

さて、同じ地名でも「国」の場合はどうだろうか。実はこれについては例外で、京都との遠近関係が入ってくる。例えば、千葉県にあたる上総《かずさ》国と下総《しもうさ》国の関係がそれで、房総半島の南側に位置する上総の方が京都には近かった。現在の陸路の発想だと、東京駅から総武線に乗って千葉経由なので、下総国の千葉の方が上総国の木更津より近いけれど、古代は横須賀に近い六浦から船で東京湾を渡るルートであったので、それが逆だったのである。上野《こうづけ》国（群馬県）と下野《しもつけ》国（栃木県）は利根川水系の上下と考えることもできなくはないが、中山道で京都と繋がっていることを考えれば、京都との関係と捉えた方がいい。

国より狭い領域である郡には上下があまり使われておらず、しかも明治に入ってから分かれた場合も多いので明快に判断することはできないが、例えば、青森県の上北郡・

下北郡は明治一一年（一八七八）に北郡を分割したものであるが、あまりに広くて共通する流域関係はなく、『角川日本地名大辞典』も「首都である東京までの遠近によった」と明言しているので「非流域系」の命名であることは間違いなさそうだ。古代から上下に分かれていた神奈川県の足柄上郡・足柄下郡（古代は足上《あしのかみ》郡・足下郡）も共通の流域はないので、こちらは古代の東海道の足柄峠を越えたところが上、それより南に離れた小田原あたりを下としたとすれば、こちらも同様だろう。

これに対して、長野県の上水内《みのち》郡（長野市を中心とする）と下水内郡（飯山市）、上高井郡（須坂市）と下高井郡（中野市）は、いずれも明治一二年（一八七九）に上下に分割されたものだが、千曲《ちくま》川の上流・下流の関係になっている（水内郡が左岸、高井郡が右岸）。たまたま上流側が京都に近いけれど、同県内の上伊那郡と下伊那郡の関係が天竜川の上下であることから判断すれば、やはり川の上流・下流とみるのが自然だ。結論を述べれば、村は流域の上下、国は京都への遠近、その中間に位置する郡は流域・京都への遠近のどちらもあり得る、ということになりそうだ。

外国の地名はどうだろうか。フランスの県でライン川に面したアルザス地方にはオー・ラン（Haut-Rhin）県とバ・ラン（Bas-Rhin）県があり、これは上ライン・下ラインを意味するが、やはりコルマールのある上流側（南側）が上ラインで、ストラスブールのある下流側が下ラインとなっている。ドイツでもザクセン州からエルベ川をずっと下ったところにニーダー（Nieder＝下）・ザクセン州がある（上はOber）。

さて、日本国内では上の地名より下の地名の方が残存率が少ない。例えば、東京都世田谷区には上北沢と下北沢という地名が江戸時代以来続いていたが、下北沢の地名は小田急の駅が開業して五年後の昭和七年（一九三二）に東京市に編入される際に、下が削除されて北沢町となったし（現在は北沢）、板橋区の下板橋では駅名に残るのみだ。人間には「上から見下ろされたくない本能」がある、と考えればいいのだろうか。

◆我こそは世界の中心？——中央という地名

日本の首都・東京の「まん中」はどこだろうか。都庁のある新宿区か、それとも皇居のある千代田区か。それとも代表的な商業地区である銀座や、「道路元標」の所在地・日本橋のある中央区か。何を基準にするかで解釈はいろいろあるだろうが、「まん中」

を歴史的に長らく市街地の中心であり続けた区域とすれば、東京の場合はやはり中央区となるだろう。ちなみに現在都庁のある西新宿は昭和七年（一九三二）まで豊多摩郡淀橋町という東京市の外側だった。

それはともかく、現在の日本で大都市のまん中を示す「中央区」は九つある。全部挙げると札幌市（昭和四七年）、さいたま市（平成一五年）、千葉市（平成四年）、東京都（昭和二二年）、相模原市（平成二二年）、新潟市（平成一九年）、大阪市（平成元年）、神戸市（昭和五五年）、福岡市（昭和四七年）。

カッコ内は成立年で、東京都の昭和二二年（一九四七）がダントツに古く、戦前の三五区が現在の二三区（当初は二二区）に再編される過程で日本橋区と京橋区を合わせたものである。次に登場した中央区は、四半世紀も後の昭和四七年（一九七二）の札幌市と福岡市で、両者とも政令指定都市で初めて区制を敷いた際の命名だ。これに対して昭和五五年（一九八〇）の神戸市、平成元年（一九八九）の大阪市は都心部の小規模な二つの区を合併したものである（大阪市中央区＝東区＋南区、神戸市中央区＝生田区＋葺合《ふきあい》区）。

中区・中央区では最も歴史が長い名古屋市中区。1：50,000 地形図「名古屋南部」昭和２年鉄道補入

中央区と似た位置づけをもつ区名に「中区」がある。こちらは横浜市（昭和二年）、浜松市（平成一九年）、名古屋市（明治四一年）、堺市（平成一八年）、岡山市（平成二一年）、広島市（昭和五五年）で、この中では名古屋市が突出して長い一〇〇年以上の歴史を持っている。これを見れば中央区と中区のどちらが最近の「流行」かは判断がつかないが、いずれにせよ、中や中央を名乗る区名が増えたことだけは確かだ。現在では中央区が九つ、中区が六つの合計一五である。

しかし、最近では従来と違う位置づけのものが少々出てきた。従来は中区といえば都心（旧市街）があって、市役所や県庁が存在するのが当たり前であった。ところが平成一八年（二〇〇六）成立の堺市中区と同二一年の岡山市中区は都心ではなく、どちらかといえば自然地理的な「市域のまん中」に命名されたのである。ちなみに両市の都心部は堺市堺区、岡山市北区だ。

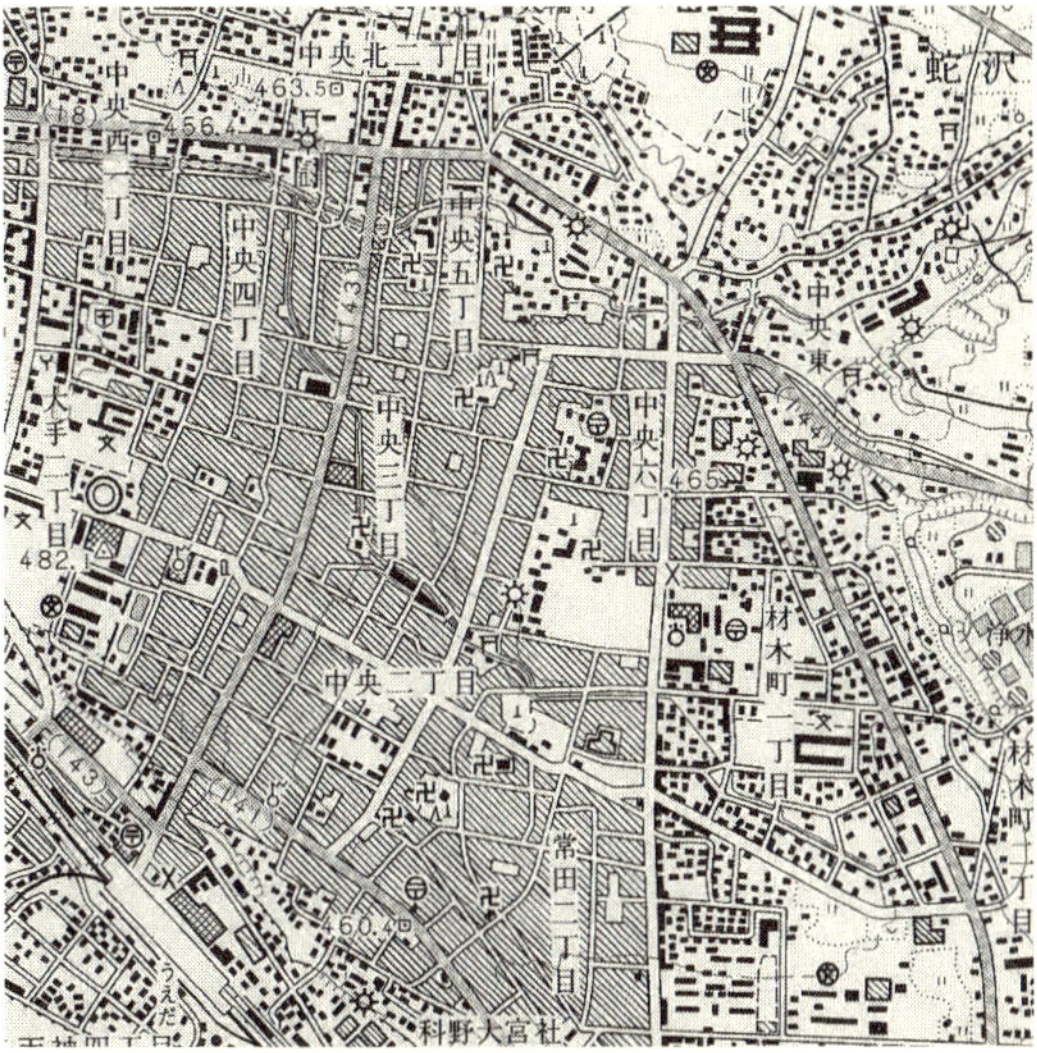

城下町の町名の大半を抹消して「中央」に改めた上田市。1：25,000 地形図「上田」平成 11 年部分修正

中央のつく町村も少数ながら存在した。岡山県久米郡中央町と、熊本県下益城《しもましき》郡中央村（昭和五〇年からは中央町）で、両者とも昭

和三〇年（一九五五）一月一日に合併によって誕生した。どちらも県の中央に位置することにちなむ命名で、岡山県の方は平成一七年（二〇〇五）に合併で美咲町に、熊本県の方は同一六年に合併で美里町となった。昭和の大合併期に誕生した「中央」を称する自治体が、半世紀後の平成の大合併でいずれも「美」のつく自治体になったのは、地名の「流行」という見地から興味深い。ところが、両者が消滅した直後の平成一八年（二〇〇六）には山梨県に中央市が誕生した（市域の北東部に「中央」自動車道が通過）。やはり山梨県の中央に位置する、という命名の発想は半世紀前の先輩町村と同じである。他に地名を冠したものに四国中央市と吉備《きび》中央町がある。こちらも平成の大合併で誕生したものだ。

さて、中央という名の地名で圧倒的に多いのは市内の町名である。当然ながら多くが都心部にあるが、中には山林にかかっているものもあって、住民の「中央志向」の根強さが伝わってくる。「中央町」を以下に挙げてみたが、北海道から鹿児島県まで非常に多い。読みは多くが「ちゅうおうちょう」で、一部に「ちゅうおうまち」がある。このうちmをつけたものだけが「まち」と読み、これは、富山県・福岡県・大分県に目立つ。

江別市・上川町・北見市・新冠《にいかっぷ》町・登別《のぼりべつ》市・室蘭市・三沢市・一関市・山田町・横手市m・古河市・取手市・結城市・小山市・那須塩原市・壬生《みぶ》町・伊勢崎市・銚子市・東久留米市・目黒区・阿賀野市・柏崎市・新発田《しばた》市・妙高市・射水《いみず》市m・小矢部市m・高岡市m・砺波《となみ》市m・氷見《ひみ》市m・羽咋《はくい》市m・敦賀《つるが》市・韮崎《にらさき》市・岡谷市・熱海市・伊東市・島田市・富士市・富士宮市・三島市・東海市m・岩倉市・大府《おおぶ》市・尾鷲《おわせ》市・桑名市・松阪市・彦根市・豊岡市m・川西市・三田市・岡山市北区・笠岡市・宇部市・下松《くだまつ》市・下関市・周南《しゅうなん》市・防府《ほうふ》市・坂出《さかいで》市・高松市・宇和島市・土佐清水市・久留米市m・田川市m・五島《ごとう》市m・大分市m・津久見市m・中津市m・別府市m・西都《さいと》市・出水《いずみ》市・鹿児島市・垂水《たるみず》市・枕崎市。

この後で単に「中央」と称する地名を列挙しようと思っていたが、数えてみると全部で一四〇以上とあまりに多いので割愛した。いずれにせよこれら中央町・中央の大半は、住居表示法が昭和三七年（一九六二）に施行された後に誕生したものである。そこが埋立地でもない限り、かつては歴史的町名が存在したはずのエリアであり、これら「中央」や「中央町」の存在は、日本人が戦後いかに多くの地名を弊履《へいり》の如く捨て去ってしまったかを教えてくれる。中には「旧市街がほとんど中央になってわかりにくい」と、旧町名を今も日常生活で使う住民が多い市もあるから皮肉なものだ。

◆地名になった交通路

愛知県豊川市に「東名町《とうめい》」という町がある。文字通り東名高速道路の豊川インターのすぐ南側の住宅地だ。かつては畑だった区域を、従前の大字から分離して平成一二年（二〇〇〇）にできた。国道一五一号に沿うロードサイド店と、その西側に住宅が建ち並ぶ一画である。

同じ県内の尾張旭市の東名西町は文字通り東名高速の西側で、かつての水田地帯を宅地化した新興住宅地だ。昭和五〇年（一九七五）に印場《いんば》元町・庄内町の各一部から設定された。命名は安直に思えるけれど、それほど「われらが東名」としてこの大動脈交通路の重要性を高く評価したのかもしれない。

開通が東名より早い名神高速道路沿いの大阪府高槻《たかつき》市には名神町がある。道路ができた四年後の昭和四二年（一九六七）に誕生しているから、おそらく「高速町名」としては日本初の例だろう。その三年後には名神の尼崎《あまがさき》インターの所在地に尼崎市名神町が設定されている。最近の例では北関東自動車道には宇都宮市インターパーク。完全な英語のカタカナ書き地名で、平成二一年（二〇〇九）にできて間もない。同一二年に開通したこの高速道路の宇都宮上三川《かみのかわ》インター北側のショッピングモールが集結したエリアで、以前は砂田《すなた》町などの歴史的地名の一部であった。

道路の名前の地名は、もちろん高速道路ばかりでない。それでも多いのは大字や町名ではなく、圧倒的に小字名だ。『角川日本地名大辞典』東京都編の旧小字一覧によれば、清瀬市大字上清戸《かみきよと》の小字は次の通りである。

所沢道《みち》西・所沢道東・下田道西・北中通西・東京道東・南中通東・南下通東・前沢道南・東京道南・南新田西側・芝山南新田東側・北新田東側・北新田西側・芝山野塩《のしお》境・芝山大岱道南・八軒稲荷山浦の計一六の小字のうち一〇が道の関連になる。この中に「東京道」が出てくることからもわかる通り、明治の地租改正で地番を振る際に、当時の清瀬村の主要な道を境に機械的に割り振りながら命名したらしい。たとえば南北に通る所沢道の西側だから「所沢道西」であり、東京道の南だから「東京道南」という具合だ。

　そこから西へ一七キロほどの西多摩郡瑞穂《みずほ》町は狭山茶の産地である。その中心地である大字箱根ヶ崎（JR八高線の箱根ヶ崎駅がある）には日光海道《かいどう》松並・日光海道西・日光海道東・秩父海道北という街道関係の小字が並んでいる。このあたりの国道一六号はかつての日光街道（日光裏街道）であるため、これらの小字はその名残だ。秩父海道は現在の岩蔵街道である（「海道」は古い表記）。もちろん全国各地の明治以降の小字の多くが道路に偏しているというわけではなく、村ごとに異なり、地租改正にあたっても江戸時代の小名《こな》（小地名）をかなり忠実に継承した村もあり、第六章で取り上げたように甲乙丙やイロハで機械的に割り振ったところも少なくない。

　交通路といえば、橋にまつわる地名も多い。東京でよく知られているのは日本橋や京橋、大阪では心斎橋など都市部の地名が多いが、もとは単なる橋の名であったのが、後年に町名となっている。東京の日本橋と京橋は、どちらもメインストリートに架かる江戸時代からの橋で、それが地名になった最初は明治一一年（一八七八）に定められた日本橋区・京橋区という区名である（両区が昭和二二年に合併したのが中央区）。

区名はともかく、町名としての京橋が誕生したのは昭和六年（一九三一）と意外に新しい。中橋広小路町・南伝馬町一丁目〜三丁目・畳町・具足町・鈴木町の各全域と、北槇《まき》町・南槇町・桶町・大鋸《おが》町・南鞘《さや》町・南鍛冶《かじ》町・北紺屋《こうや》町・南大工町・松川町・炭町・常盤《ときわ》町・中橋和泉町の各一部が大合併してできた。昭和六年といえば関東大震災の八年後で、震災復興事業に伴う町名地番整理が行われた時期にあたる。この時に江戸か

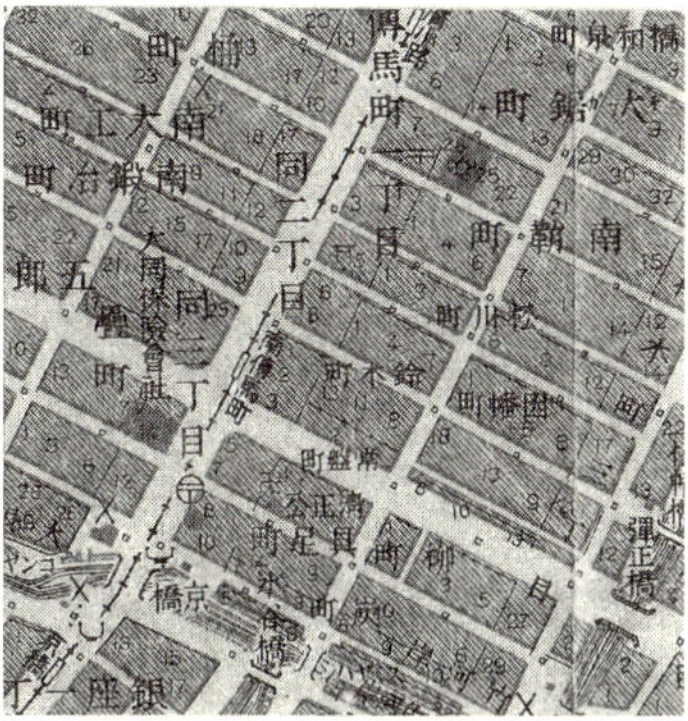

上：実際に堀に架かっていた京橋（左下）と江戸以来の職人町。1：10,000 地形図「日本橋」大正 8 年鉄道補入
下：現在は「京橋」が町名になっている。1：10,000 地形図「日本橋」平成 10 年修正

ら続く「職人町」の系譜が断たれてしまったのは残念だが、同時期にこのような統廃合は東京の各地で行われた。

その時期に誕生した東京市の「橋」町名を挙げてみると、江戸橋・呉服橋（昭和三年）、吾妻《あづま》橋・厩《うまや》橋（昭和五年）、京橋（昭和六年）、新橋・淀橋（昭和七年）、浅草橋（昭和九年）など数多く、それ以前には市内に橋のつく町名は板橋（昭和七年に東京市編入）など古くから村名であったもののほかは、京橋の旧町名の中橋広小路町などの例外を除いてほとんど存在しなかった。

注目すべきなのは、これらの橋の名の大半が明治以来の東京市電（後の都電）の停留場名で、すでに通称地名として広く通用していたことだ。町名を統廃合しようとする場合、江戸以来の細かく区分された中で特定の町だけを残すわけにもいかず、橋名という より停留場由来の通称地名を使ったことで住民の同意が得られたのだろう。

昭和四〇年前後の住居表示に基づく統廃合でも飯田橋（昭和四一年）や大橋（目黒区・昭和四四年）などが追加されている。橋→停留場→通称地名化→統廃合時の正式町名、という流れである。「どこにお住まいですか」と問われた場合、町名ではなく駅名で答える人が目立つのも、多くの人が使用する交通路の知名度と影響力がそれだけ大きいからだ。

◆橋の名前も地名の一種

地名にはいろいろな種類がある。市町村名や大字などの「居住地名」、それに知床半島や関東平野という「自然地名」に大別することができるが、それらを反映した駅名も地名の仲間に加えられそうだ。東海道や鎌倉街道といった道路名も広義の地名だし、その街道が川を渡る「橋の名前」も地名、ということになる。

前述の橋が元になった地名とは別に、橋そのものの名前について考えてみよう。命名のパターンはいくつかあって、まずは江戸橋や浅草橋のように、特定の地名を冠するもの。江戸橋の場合は江戸の中心部にある橋ということから、江戸期に命名されたものであり、浅草橋は浅草へ通じる道が神田川を渡る橋である。このように地名を採用する橋の中でも、地名の内側（江戸橋など）にあるものと、外側（浅草橋・京橋など）にあるものが混在している。ちなみに浅草橋は現在では町名になっているが、震災復興事業が終わった後の昭和九年（一九三四）の新しいものだ。

次に新橋、大橋などのように橋の性格を表わすものがある。東京の新橋は日本で最初に鉄道が開通した際のターミナル駅として命名されたが、機関士からレール、列車ダイヤに至るまで「鉄道システム」をすべて英国からの直輸入に頼った当時の日本政府としては、首都に「ロンドン駅」と名乗る駅がない英国に従って、東京駅ではなく新橋駅と命名したのではないだろうか（東京駅ができたのは大正三年）。ロンドンには当時すでに開業から数十年経ったウォータールー駅（当初はウォータールー・ブリッジ駅）やロンドン・ブリッジ駅のように、橋名をターミナル駅に採用した事例があった。ちなみに東京の新橋も、町名になったのは昭和七年（一九三二）のことである。

東京には江東区に高橋《たかばし》という橋もある。こちらも現在では橋の名に由来する高橋という町名があるが、大橋などと同様に文字通り「高い橋」であった。だからタカバシと濁る。『御府内備考《ごふないびこう》』という江戸の官選地誌には「本所深川の橋は洪水の時失せざる為に皆両岸より石を畳みて平地より或は五六尺、或は七八尺も高く架する事普通なれど、その中にても此《この》橋は最も高く掛渡して、橋上は町並みの楼屋の棟にもひとしければ、高橋とも名付けしなるべし」とある。おそらく平屋だろうが、家の屋根ほどに高い橋というのは渡るのも大変そうだ。

人の名前を冠したものとしては、最も有名なのが心斎橋だろうか。大阪の旧市街を東西に流れる長堀川に架かっているが、この運河を開削《かいさく》した一人である岡田新三（後に美濃屋新三）が自らの屋敷の前に架けたのがこの橋で、新三の号である心斎にちなむ。佐賀市の善左衛門橋《ぜんじゃあばし》も、宇野善左衛門が私財により架けたことに由来するという。

川はしばしば国や郡、市町村の境界となるが、両岸の異なる地域を結ぶ橋の代表格といえば、東京の隅田川に架かる両国橋であろう。かつてはこの川（荒川の下流部）が下総国と武蔵国の国境であったため、両国を結ぶ橋ということで名付けられたものだ。国境はその後江戸川に変更されたが橋の名はそのまま残り、それが昭和に入って正式な地名にもなった。総武線の駅名もかつてはウォータールー駅のように両国橋駅と称したが、昭和六年（一九三一）に両国と改められている。

しかし両国橋と名乗る橋があるのは東京だけではない。二つの国の境界を流れる川に架かっていればどこでも「両国橋」になり得るので、実際には全国各地に点在している。

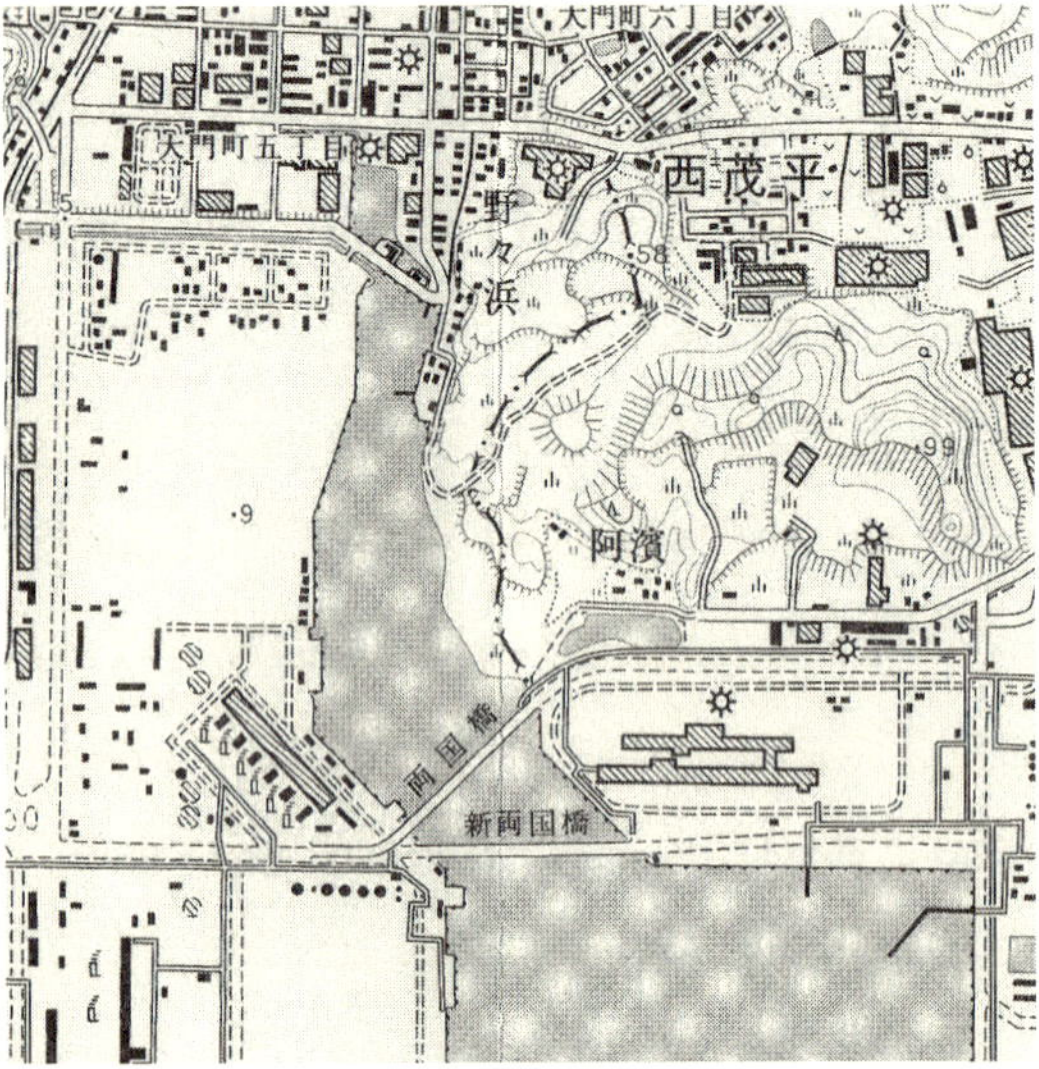

備中国（岡山県）と備後国（広島県）にまたがる両国橋と新両国橋。1：25,000 地形図「福山東部」平成 12 年修正

たとえば神奈川県の湯河原温泉のまん中を流れる千歳川は相模国と伊豆国の境（神奈川・静岡県境）で、この川に小さな両国橋が架かっているし、川根両国駅のある静岡県の大井川鐵道《てつどう》井川線の車窓からは、駿河国と遠《とおと》江《うみ》国の境界に架かる両国橋と両国吊橋の二つを眺めることができる。それから岡山県笠岡市（備中《びっちゅう》国）と広島県福山市（備《びん》後《ご》国）の間には、もっと新しい両国橋が入江を跨《また》いでいて、敷地が両国に跨がるJFEスチール西日本製鉄所の工場の間を結んでいる。

一定の方向に番号を振った橋もあって、東京の麻布には一之橋（一の橋）から五之橋（五の橋）までが古川（渋谷川の下流部）の下流側から順番に架かっていて、バス停や交差点名にもなっている。このような発想の橋は各地にあって、同じく墨田区から江東区にかけて東西に流れる竪《たて》川にも、同様に一之橋から五之橋までが架かっており、このうち三之橋を通るのが三ツ目通り、四之橋を通るのが四ツ目通りの名が付いている。

その四ツ目通りを北上すると京成電鉄の押上駅に通じるが、その手前の北十間《きたじつけん》川に架かるのが京成橋だ。川を西へ少したどれば、とうきょうスカイツリー駅（旧業平橋《なりひらばし》駅）の南側に東武橋が架かっている。同駅は昭和六年（一九三一）まで浅草駅を名乗っており、東武鉄道の起点だったので、橋はその名残だ。

大阪にはかつての鉄道会社を名乗る橋もある。阪急京都線の相川駅西側の安威《あい》川に架かる新京阪橋がそれだ。阪急はかつて新京阪鉄道と称しており、昭和五年（一九三〇）に社名が京阪電気鉄道（後に京阪神急行電鉄→阪急）に変わってからも、現在に至るまで旧社名を名乗っているわけで、なかなか記念碑的な橋梁《きょうりょう》なのである。

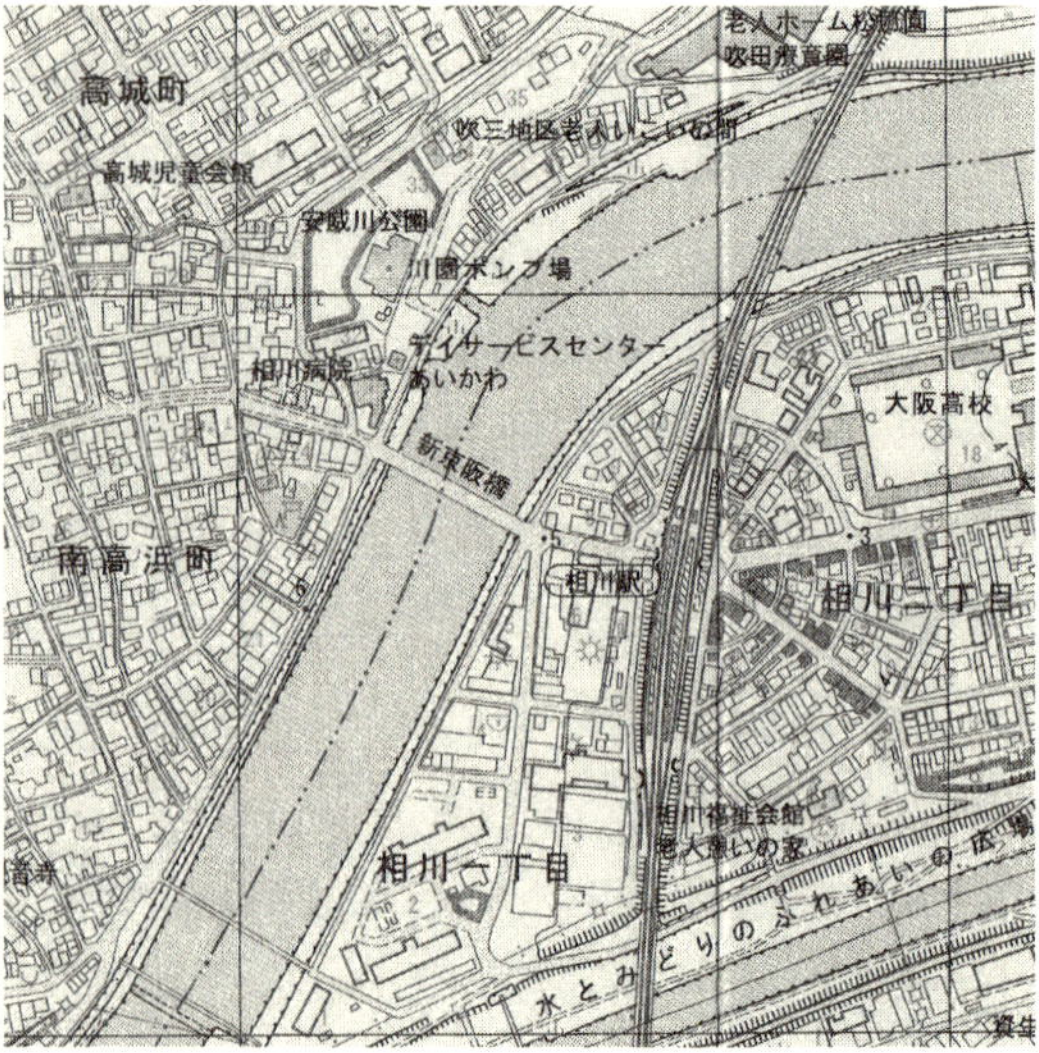

戦前の鉄道会社名を今に伝える新京阪橋。1：10,000地形図「吹田」平成16年修正

◆インターチェンジの地名

高速道路やバイパスなどの高規格道路に乗り降りする場所がインターチェンジである。鉄道の分野に当てはめれば駅に相当するだろうか。明治期に英国から直輸入した鉄道システムの重要な施設である「ステーション」という用語を、本来は宿場の意味であった「駅」を当てて定着させたのはなかなかの知恵であるが（stationも原義は位置・場所である）、これに対して、高速道路のインターチェンジは、英語をカタカナに直しただけであまり芸がない。字数が多いのでインターと略称され、

地図上の表記は一般に「ＩＣ」が用いられるが、このインターに付けられる地名はどうなっているだろうか。

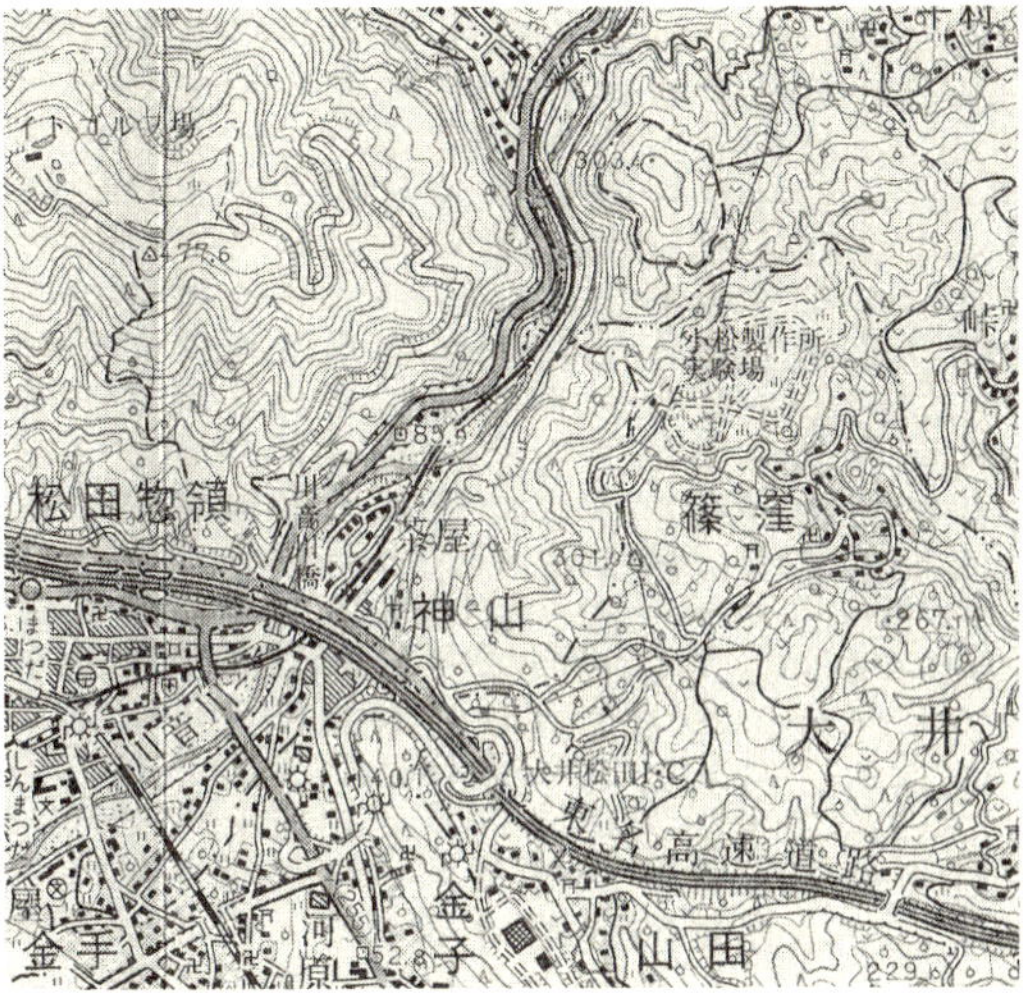

東名高速道路の大井松田インター。文字通り大井町と松田町の境界線近くに位置している。1：50,000 地形図「秦野」平成3年修正

東名高速道路のインターを思い浮かべてみると、海老名、御殿場、沼津、静岡、浜松など、基本的には所在地の自治体名が採用されているが、横浜町田、秦野《はだの》中井、大井松田など二つの自治体名をつないだものも目立つ。このうち横浜町田インターは平成九年（一九九七）まで単に横浜インターと称した。改称の理由は東京寄りに新たに横浜青葉インターが新設されるのに伴い、これと区別するためで

あるが、インターを降りれば東京都町田市なのだから、これを機に町田方面からの要望があったのかもしれない。以下の秦野中井、大井松田などは開設当初から変わっていないが、所在地が両自治体の境界付近に位置するので、おそらく命名の際に両者を立てたのだろう。

二つの自治体名を並べる場合、どちらを先にするかはけっこう当事者にとって問題のようで、それを実感させるのが新潟県の北陸自動車道にある三条燕《つばめ》インターだ。所在地は燕市なのだが、一般道へ降りたところが三条市という立地条件であり、インターができた四年後に開通した上越新幹線の駅名が逆順の「燕三条」であることを考えると、有力国会議員が中に入って調整した、などという話も納得できる。順番といえば、東京都の多摩モノレールに「中央大学・明星大学」という駅があるが、どちらの大学名を先にするかで調整に苦労があったという。五十音順（中央）か先にできた方（明星）か、それとも学生数─駅の利用者数（中央）か、などと議論があったそうだ。

所在地の自治体を名乗るインターが多い中で、それ以外の例が目立つのが上信越自動車道である。たとえば碓井《うすい》軽井沢インターは文字通り軽井沢への入口にあたるが、所在地は長野県北佐久郡軽井沢町ではなく、隣の群馬県安中《あんなか》市松井田町（開通当時は松井田町）だ。本来なら松井田軽井沢とでもするところだろうが、松井田の旧町名は松井田妙義インターで使っているので、著名な峠《とうげ》の名前を用いたのだろう。

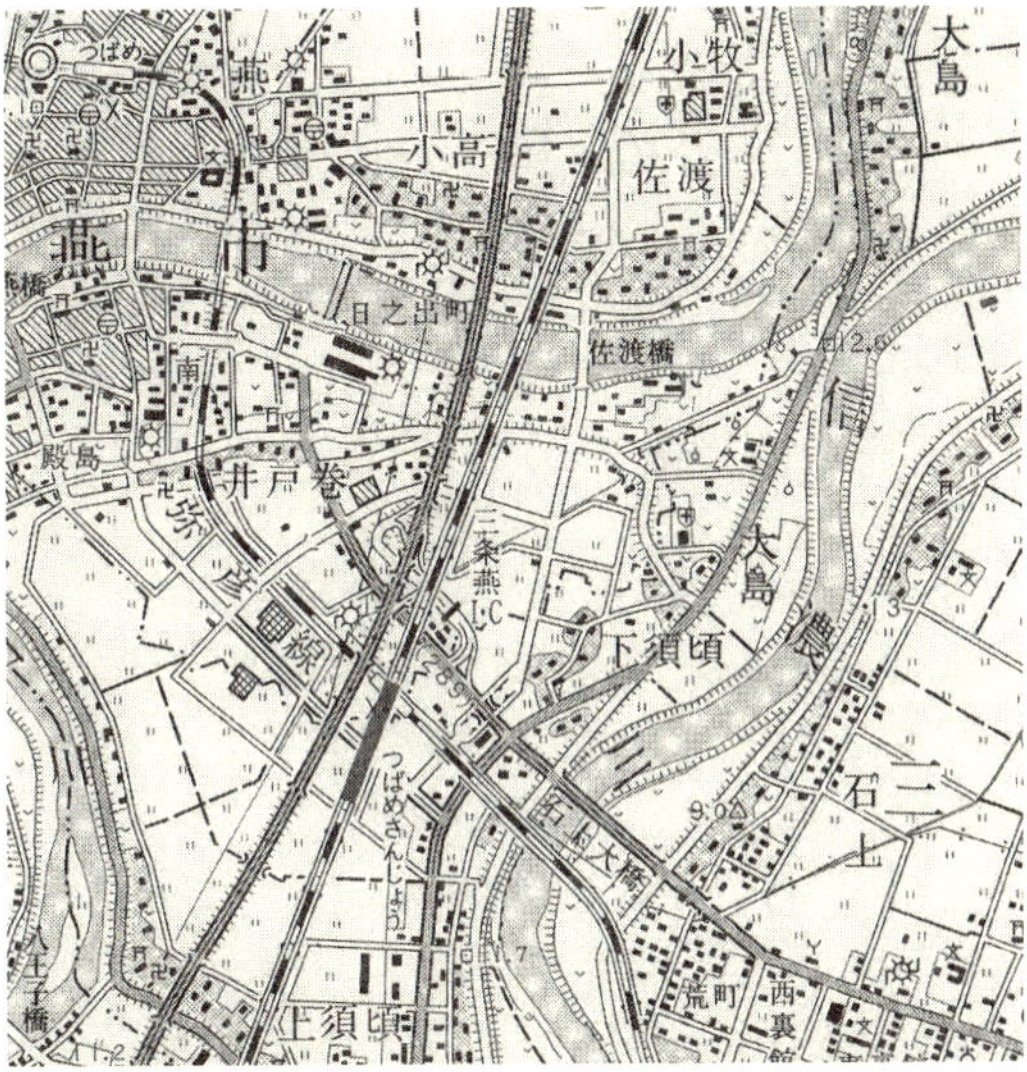

北陸自動車道の三条燕インターと上越新幹線の燕三条駅。やはり三条市と燕市の境界線が通る。1：50,000 地形図「三条」平成7年修正

碓氷《うすい》峠といえば、信越本線ではかつてこの区間で補助機関車を坂下側に連結して列車を上り下りさせた難所として知られており、機関車の付け替えで長く停車した麓《ふもと》の横川駅で始まった「峠の釜めし」は、峠の区間が廃止された今でも全国的な人気

駅弁として知られており、このインターを降りたところにも釜めし製造元・おぎのやのレストランがある。

長野県内では東部《とうぶ》湯の丸インター。こちらは旧自治体名である東部町（現東御《とうみ》市）と上信国境に聳《そび》える湯ノ丸山（標高二一〇一メートル）・湯の丸高原を合わせたものである。その西隣の上田菅平《すがだいら》インターも菅平高原の入口にあたることにより命名された。ただしインターを降りてから高原までの道のりは二〇キロほどもあるが。

自治体名なのだが、珍しいのが信濃町《まち》インター。この地名を聞くと東京の人なら中央・総武線各駅停車の駅名（新宿区）を思い出してしまうが、インターは長野県北部の新潟県妙高市に接した上水内郡信濃町に由来する。ふつうなら町を付けずに「信濃インター」となるところだが、この町名自体が信濃の国名を名乗っているので、混乱を避けるため「町」付きとしたらしい。近くのしなの鉄道北しなの線（旧信越本線）の駅は黒姫と称するが、こちらも昭和四三年（一九六八）に柏原《かしわばら》から改称している。西に聳える名山を借りた命名だが、今でも一帯の大字が柏原という地名であり、小林一茶《いっさ》の生地としても売り出しているのだから、インター名も「信濃柏原」あたりにすれば良かったのではないだろうか。

この上信越自動車道と、松本方面から来る長野自動車道が合流するのが更埴《こうしょく》ジャンクションである。その西隣には更埴インターもあるが、更埴の地名は平成の大合併で千曲市となって消えた地名だ。もともと昭和三四年（一九五九）に合併で市が発足するにあたって、エリアが更級《さらしな》郡と埴科《はにしな》郡に跨がっていたことから両郡の頭文字を採って更埴市としたものだ。ここに限らず、合併のたびに地名を新設しては短期間で消してしまう節操のなさは、結局は後世に禍根《かこん》を残してしまうのである。

首都高速道路でも、設置時期にはあったが現存しない町名を名乗るものが珍しくない。都心環状線の出入口やジャンクションだけを挙げても、宝町《たからちょう》、汐留、飯倉《いいくら》、谷町、代官町などいくつもある。このうち宝町という町名は昭和五三年、汐留が同四〇年、飯倉町が同五六年、谷町と代官町が同四二年と、住居表示の実施による統廃合で軒並み姿を消している。出入口名が旧町名の「記念碑」となっているのだ。

◆駅名に由来する地名

このタイトルを見て訝《いぶか》しく感じる向きもあるだろう。なぜなら「駅名は既存の地名に由来するもの」という常識が世の中に支配的だからだ。しかし、必ずしも駅名は既存の地名通りに名付けられるわけではない。

その代表例のひとつが西武新宿線（開業時は村山線）の花小金井《はなこがねい》駅だろうか。「小金井」と名乗りながらも東京都小金井市にあるわけではなく、所在地は隣の小平《こだいら》市である。今でこそ「花小金井一丁目」という住所になっているけれど、駅が開設された昭和二年（一九二七）四月一六日の時点では、北多摩郡小平村の「大字野中新田与右衛門組《のなかしんでんよえもんぐみ》」と称した。

地図を見ると一目瞭然なのだが、この西武新宿線の田無から小平までの区間は明らかに少し迂回《うかい》して花小金井駅に立ち寄っている。地形的にもほとんど起伏のない平坦《へいたん》地であり、開通当時ここに目立った集落が存在したわけでもなかったから、明らかに花見の名所「小金井の桜」の近くに立ち寄ったと考えるのが自然だ。

玉川上水沿いに植えられた桜並木のある小金井橋までは、駅から歩いても一・七キロという近さなので、ここから徒歩で花見へお越しください、という当時の西武鉄道のメッセージが感じられる。もちろん野中新田与右衛門組の数少ない住民のためにわざわざ迂回して設けた駅ではないから、駅名の選択肢としては野中新田……など眼中になく、もっぱら「小金井の桜」への最寄り駅をアピールするものとなったのだろう。花小金井という駅名は、私鉄経営の側面からすれば自明の選択であった。

　この線が開通する以前、西武鉄道（旧川越鉄道）は、川越（現本川越）〜所沢〜国分寺という路線をもっていたのだが、大正三年（一九一四）から翌年にかけて、川越で東上鉄道（現東武東上線）、所沢で武蔵野鉄道（現西武池袋線）が、いずれも都心方面に便利な池袋駅と直結したため存亡の危機に見舞われており、いろいろ四苦八苦した挙げ句「独自路線」で高田馬場へたどり着くことに成功したのである。そんな状況でわずかでも乗客を増やすためには「花見迂回線」と花小金井の駅名は必須だったに違いない。

　花小金井駅が誕生すると、「どちらにお住まいですか」の問いに住民は「花小金井です」と答えるようになる。特に新住民にとって、享保の改革で野中氏が出資した新田地名、しかもそれを分割して名主の名前を付した与右衛門組といった農村カラー溢れる地

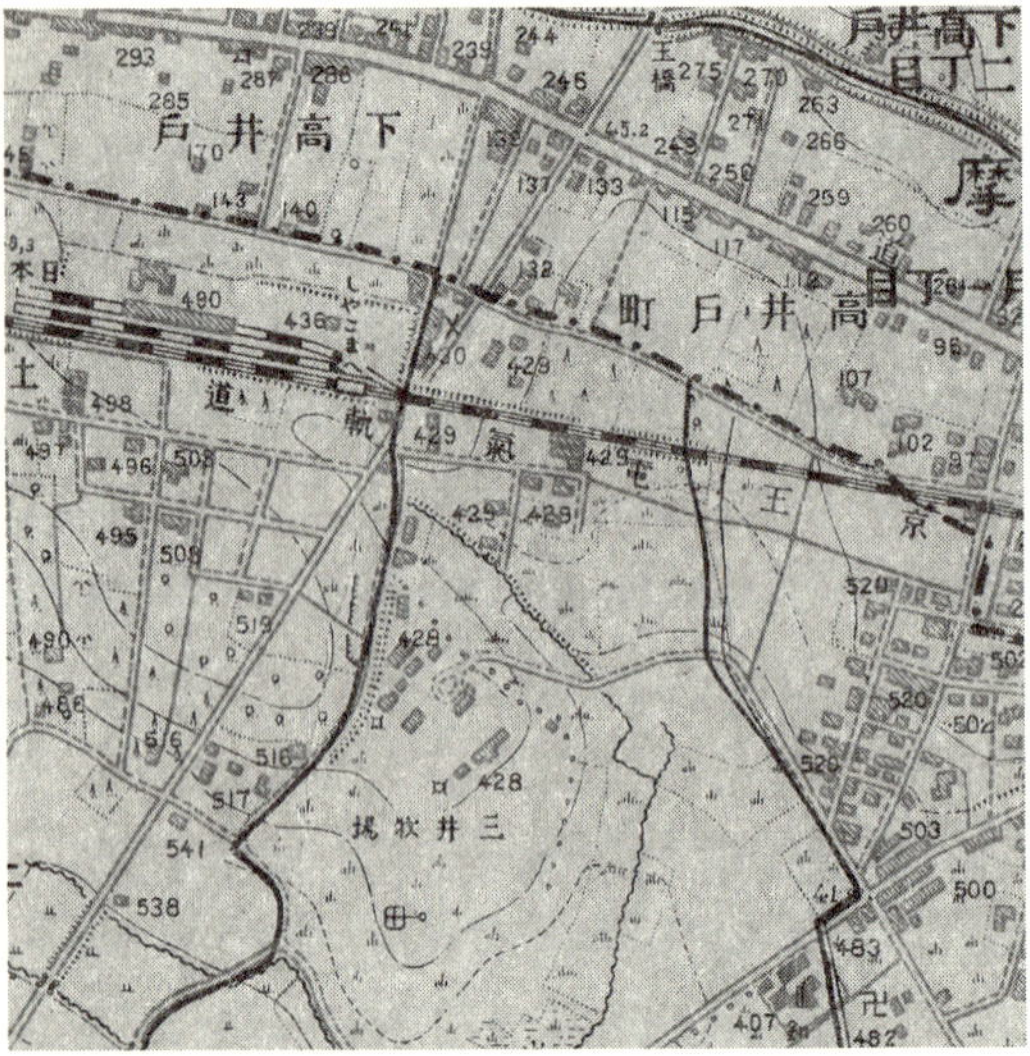

車庫前（当時は北沢車庫前、のち京王車庫前）を名乗っていた頃の桜上水付近。1：10,000 地形図「経堂」昭和 4 年測図

名を名乗るのを嫌ったのは想像に難くない。

実際にそれよりずっと前の昭和七年（一九三二）に東京市に郊外八二か町村が編入された際、新田地名を「都市にふさわしい町名に改める」方針が公式に示されたのは事実である。そんな背景の中、昭和三七年（一九六二）に小平町が市制施行したのを機に、駅名に合わせた町名—花小金井、花小金井南などが正式に誕生した。

小金井の桜の名所として名高い玉川上水の関連でいえば、京王電鉄の桜上水駅も同じ発想である。この駅はもともと大

正一五年（一九二六）に北沢車庫前という素っ気ない名前で開業したもので、昭和八年

昭和 41 年（1966）以降は駅名に合わせた「桜上水」が正式な町名となっている。1：10,000 地形図「世田谷」平成 11 年修正

（一九三三）に京王車庫前と改称された。桜上水への再改称は同一二年（一九三七）五月一日のことで、この日は実に京王全線で他の六駅が同時に改称されている。他の改称は、停車場前→省線新宿駅前（当時は甲州街道の路面上）、関戸→聖蹟《せいせき》桜ヶ丘、百草《もぐさ》→百草園、高幡→高幡不動のように「わかりやすさ」と、まさに観光対象を前面に出して乗客を誘致しようとする経営方針が窺える。

京王車庫前という実質的で色気

のないものから、満開の桜に彩られる上水風景を彷彿《ほうふつ》とさせる桜上水に変えられたことで、沿線の住宅需要も膨らんだのではないだろうか。所在地は開通当初の荏原《えばら》郡松沢村大字上北沢字土々原から、昭和七年（一九三二）の市域編入で世田谷区上北沢町二丁目を経て、昭和四一年（一九六六）には正式に世田谷区「桜上水」という町名となった。

このような例は全国的に枚挙に暇《いとま》がなく、横浜市港北区新横浜、同区大倉山、東京都江戸川区新小岩などいずれも駅名由来の町名である。

以上は、大字・町名レベルの地名であるが、市町村単位でも駅名に従った例が意外に少なくない。前述の東久留米市をはじめ、北海道広島町（広島県の入植にちなむ）が平成八年（一九九六）に千歳線の駅名と同じ北広島市となった例があるし、鳥取県境港市も、かつての境駅が他県の同名駅と区別するために大正八年（一九一九）に境港駅となったのに合わせて、昭和二九年（一九五四）に合併した新町名を境港町（現境港市）とした経緯がある。

駅名というのは想像以上に地名政策に大きく影響しているのだ。

◆鉄道路線名とその命名傾向

地図に表示される地名は、国土地理院の分類によれば「行政名」、「居住地名」と「自然地名」に分けられる。このうち行政名は都道府県から市町村まで、居住地名は大字・小字など主に住所に使われる地名、自然地名は利根川、奥羽山脈、宗谷岬、八丈島、猪《い》苗代《なわしろ》湖といった自然の地形に由来する名称だ。

しかし広義の地名には、これらに加えて交通路や人工構造物なども含まれる。甲州街道や丸子橋（橋の名には日本橋のように町名に採用されたものもあるが）、玉川上水、東海道本線などがそれにあたる。ここでは鉄道の路線名に注目してみよう。

鉄道路線の名付けられ方は明治から今に至るまで時代によってさまざまなパターンが存在するが、ためしに分類してみた。

①沿線の主要地名を採用したもの——高崎線、函館本線、青梅線、高山本線など、目的地ということで起点や終点が目立つが、有力な経由地を名乗る場合も多い。

②沿線の旧国名を採用したもの——越後線、相模線、日高本線など、おおむね全線がひとつの国に入っていることが多い。その国のどこに位置するかという意味で、南武線

（武蔵国の南部。旧南武鉄道）、東武鉄道（武蔵国の東部）、北総鉄道（上総国・下総国の北部）という命名もある。

③沿線の広域地名を採用したもの――山手線、武蔵野線、関西《かんさい》本線など、正式地名とは限らず広く通用する広域地名が採用されたものだ。ちなみに関西本線は関西《かんせい》鉄道という私鉄に由来する。

④起点と終点の地名を合成したもの――京浜急行（東京・横浜）、八高《はちこう》線（八王子・高崎）、阪神電鉄（大阪・神戸）、高徳《こうとく》線（高松・徳島）など都市名の頭文字を連ねたものが多いが、同じ東京と横浜でも京浜とは別パターンが東急の東横線。他にも京成電鉄、京王電鉄、京阪電鉄、京葉線など例は多いが、埼京線（埼玉・東京）という県レベルは珍しい。

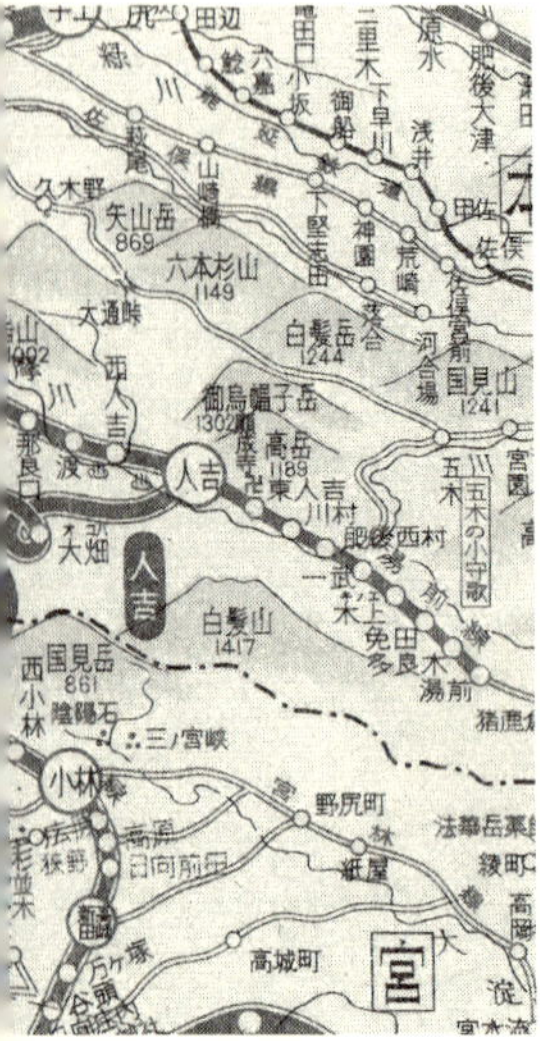

⑤起点と終点などの旧国名を合成したもの――日豊《にっぽう》本線（日向・豊前《ぶぜん》）、上越線（上野・越

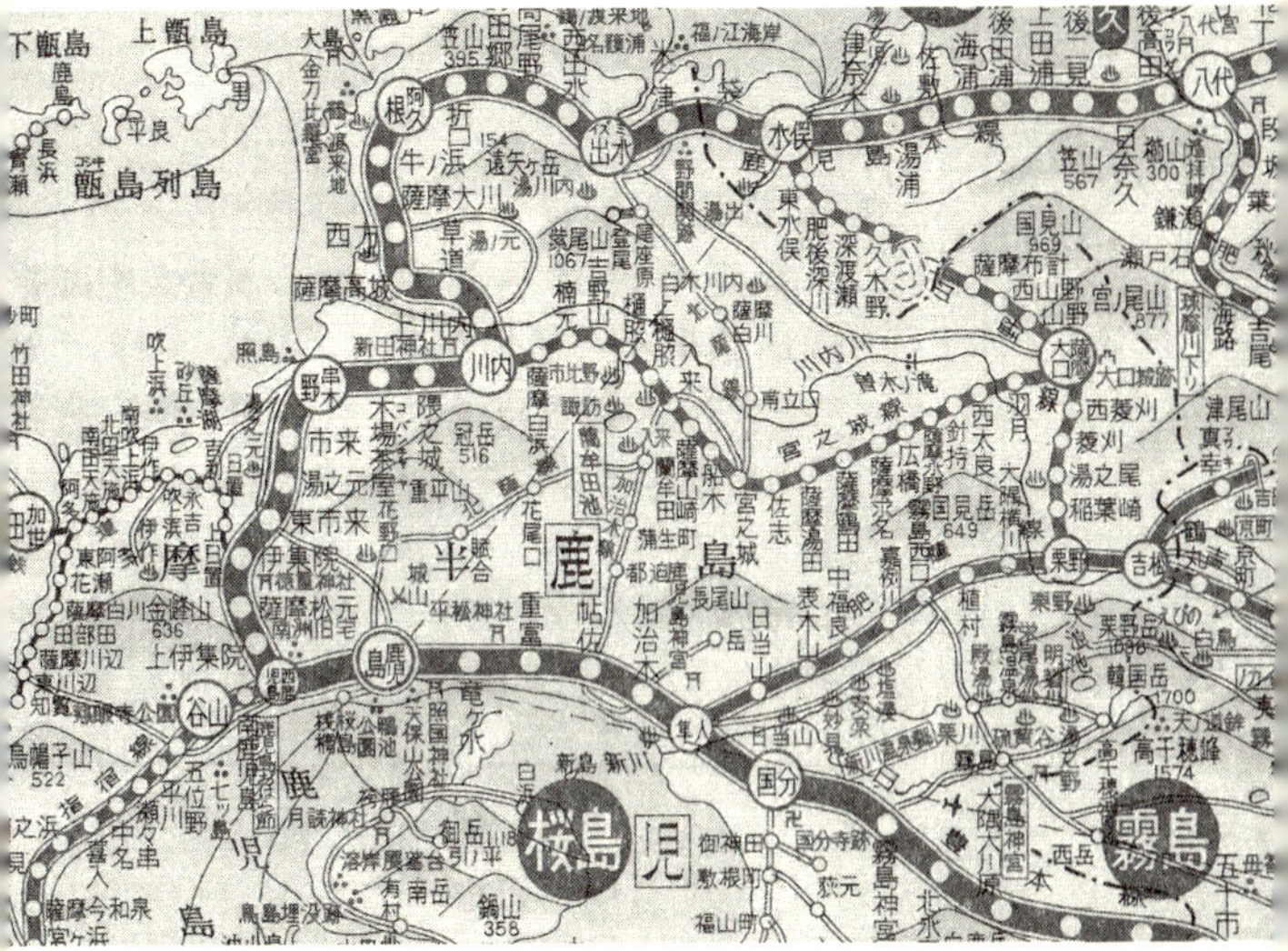

いろいろな路線名が見える昭和 38 年（1963）の鉄道路線図。現存しない路線も多い。観光展望社『全国旅行案内図』昭和 38 年発行より九州南部

後）、紀勢本線（紀伊・伊勢）など特にJR線に目立つ。ただし必ずしも起終点ではなく、冒頭の日豊本線も終点は薩摩の鹿児島である。四国の予《よ》讃《さん》線（伊予・讃岐）もこの類型だが、大正一二年（一九二三）から昭和五年（一九二八）までの五年間だけは「讃予線」と称した。ところが瀬戸内海の対岸を走る「山陽線」と紛らわしいというので逆順に変えた経緯がある。

　両毛線（旧両毛鉄道）はこの仲間ながらも特異な例だ。実際

には上野国と下野国を結ぶのだが、これを両毛と称するのは、かつて両国が毛野国《けぬ》と称した名残だ。この国が上下に分割された際に本来なら上毛野国《かみつけぬのくに》・下毛野国《しもつけぬのくに》となるところを、国名は必ず二文字とする古代の決まりに従ったため上野国・下野国となった。しかし両国を表わす際には両野より「両毛」の方がぴったりきたのだろう。毛野（ケヌ）といえば、これがケヌ↓キヌと転訛《てんか》したのが鬼怒《きぬ》川という。日本の地名はつくづく「当て字パラダイス」である。

ついでながら、両側から建設される途中で、まだ全通していない時代には東西または南北をこれに付け加えることも伝統的に行われてきた。上越線がかつて上越北線・上越南線だった類だが、ついに結ばれなかった「悲運の鉄路」の名残として越美《えつみ》北線が今も福井県に存続している（南線は岐阜県の長良川鉄道）。これに対して、接続しているけれど系統が異なるのであえて東西に分けているのが陸羽《りくう》東《とう》線と陸羽西線、磐越東線と磐越西線である。

⑥山河・施設その他——日田彦山線《ひたひこさん》（目的地＋山）、田沢湖線（湖）、東急多摩川線（川）、京急空港線（施設）、参宮線（お伊勢参り）など実にいろいろなパターンが存在す

る。これらの中には分類しにくいものもあって、たとえば田沢湖線が田沢湖の近くを通っていることは確かだが、経由地の生保内《おぼない》町が合併で田沢湖町となって駅名に波及し、生保内線だった線名も昭和四一年（一九六六）に岩手県とつながったのを機に田沢湖線になったので、①の主要地名採用とも考えられる。またここに挙げた東急多摩川線はかつて類型④の目蒲線（目黒・蒲田）と称したが、系統が分離されたのに伴って誕生した。参宮線は旧参宮鉄道で、これは参宮という「行動」を採用したともいえるけれど、参宮街道という道に沿ったものでもある。

　平成二七年（二〇一五）三月一四日に北陸新幹線が開業、これに伴って並行在来線が地元出資の第三セクター鉄道に移管された。その会社名と路線名は次の通りだ。信越本線（長野～妙高高原）→しなの鉄道北しなの線、信越本線（妙高高原～直江津）→えちごトキめき鉄道妙高はねうまライン、北陸本線（直江津～市振《いちぶり》）→えちごトキめき鉄道日本海ひすいライン、北陸本線（市振～倶利伽羅《くりから》）→あいの風とやま鉄道、北陸本線（倶利伽羅～金沢）→ＩＲいしかわ鉄道。

　要するに先例に倣って県ごとに第三セクター鉄道を立ち上げたのであるが、昨今の風潮であるひらがなの濫用、観光イメージの押し付けが目立つ。特に「えちごトキめき鉄道」は線名もあまりに欲張りすぎて長く、利用者の間に定着させるのは難しいだろう。

第三章　ことばと地名

◆読みと表記が変更された市町村

春日部《かすかべ》市粕壁《かすかべ》一丁目。これは東武伊勢崎線（スカイツリーライン）春日部駅の所在地である。どのような経緯でこんなことになったのだろうか。自治体名をたどってみると、明治二二年（一八八九）の町村制では南埼玉郡粕壁町と称した。東武鉄道の駅名も明治三二年（一八九九）の開業時は粕壁駅と称している。粕壁町が春日部町となったのは戦時中の昭和一九年（一九四四）で、北西に隣接する内牧《うちまき》村と合併した時のことで、これに合わせる形で駅名も昭和二四年（一九四九）に春日部駅に改められている。

江戸時代まで遡れば日光街道の千住、草加、越ヶ谷に次ぐ四つ目の宿場の名は粕壁で、文化文政期（一八〇四〜三〇）には家数八八〇、その多くを街道沿いに櫛比《しっぴ》させていた。毎月四と九の日に開かれる六斎市《ろくさいいち》も開かれて近郷から客を集める、埼玉郡では主要な町のひとつだったのである。

古い郷名の春日部と宿場名・粕壁が同居する旧市街。1：50,000 地形図「野田」平成 17 年要部修正

しかしこれをもって粕壁が古く、春日部が新しい表記と断ずるわけにはいかない。実は鎌倉・室町時代には春日部郷と称し、一帯を支配していたのも春日部氏であった。昭和一九年（一九四四）の合併に春日部の表記が採用されたのは、鎌倉・室町期の「郷」が宿場より広い概念であったからではないだろうか。であるからこそ、市内の中でも旧日光街道の宿場であった区域は今も粕壁を名乗っているのであり、「春日部市粕壁」という表記がふさわしいのである。もちろん、江戸時代以前の日本の地名表記は実際に何通り

か併行して記されていたケースは珍しくなく、この他に糟壁《かすかべ》という表記も存在した。
同じ読みを持つ地名が異なる表記で併存する例としては、島根県大田《おおだ》市の仁摩《にま》町仁万がある。平成一七年（二〇〇五）に合併する以前は邇摩《にま》郡仁摩町仁万と三種類の表記が並んだ珍しい例であった。この地名を遡ると平安時代の仁満郷、同時期の『和名類聚《わみょうるいじゅ》抄《しょう》』には迩磨《にま》郡といった、それぞれ近現代の三種とはまた違った表記がすでに登場している古い地名である。

仁万は邇摩郡（迩は邇の異体）の中でも郡家《ぐうけ》（郡の役所）が置かれた中心地であり、江戸期にはこの村を称する地名として仁万の表記が一般的となったようだ。明治の町村制では邇摩郡仁万村として村制施行され、大正六年（一九一七）に山陰本線がここまで伸びた時に設置された駅名もこの行政村名に合わせて仁万とされた。

その後、昭和一一年（一九三六）には町制施行して仁万町となったが、昭和の大合併期にあたる昭和二九年（一九五四）には周辺三村と一緒になって仁摩町が誕生した。『角川日本地名大辞典』によれば「町村合併により新町の中心である古名の仁万と邇摩郡とを組み合わせて表記を仁摩町に変更した」とあるから、要するに同訓での合成地名

3種類の同音異字地名―邇摩郡仁摩町仁万町（現在は大田市仁摩町仁万）。1：50,000 地形図「温泉津」平成8年修正

なのだ。ついでながら、当地の琴ヶ浜は歩くとキュッキュと音がする「鳴り砂」で知られており、仁摩地区には珍しい砂の博物館「仁摩サンドミュージアム」がある。

さて、同音での異種表記とは逆に、表記は同じなのに読みが異なるケースもある。たとえば宮城県の登米《とめ》市登米《とよま》町。登米市は平成一七年（二〇〇五）に登米《とよま》、迫《はさま》、東和、中田《なかだ》、豊里、米山《よねやま》、石越、南《みなみ》方《かた》、津山の九町が合併して誕生した広域市であるが、このうち本吉《もとよし》郡であった津山町を除けばすべて登米《とめ》郡であった。このうち登米町は郡名と町名をトメ・トヨマで読み分けていたのだが、平安時代の『和名類聚抄』では登米郡の読みを「止与米」としているから、「とよま」が本来なのかもしれない。その地名の由来について『続日本紀《しょくにほんぎ》』の宝亀五年（七七四）一〇月四日条には、奥羽地方の巡回視察官たる按察使《あぜち》の大伴駿河麻呂《おおとものするがまろ》が「遠山村」の蝦夷《えみし》を討ったとする記事があるから、この「とおやま」が「とよま」に転訛《てんか》したとする説もある。郡名の読みが「とめ」に転じたのはいつ頃からか判然としない。

同じような例では、こちらも平成の大合併で消滅した海上郡《かいじょう》にあった海上町《うなかみ》。郡名を音読み、町名を訓読みで使い分けていたものだが、平成一七年（二〇〇五）に旭市と合併して同市内となったため消滅した。海上町は昭和の大合併期にあたる昭和二九年（一九五四）に鶴巻、滝郷《さと》、嚶鳴《おうめい》村が合併した際に郡名を採用したもので、郡名は古代から長らく訓読みであった。それが音読みされるようになったのは昭和三〇年代以降だというから、やはり町名と郡名を区別するために意図的に行われたようだ。

村が町、郡が市に変更になった際に読みが変わることもある。たとえば新幹線の駅もある米原《まいばら》市。現在でこそ駅名と市名は同じだが、平成一七年（二〇〇五）の大合併以前の米原町は「まいはら」と濁らなかった。沖縄県の与那城村《よなぐすくそん》は町制施行の際に「よなしろ」と変わっている。これはグスクという沖縄特有の読みを避けて他県人にも読みやすくする配慮らしい。グスクのつく地名は県内に数多いが、最近では豊見城村《とみぐすく》が市制施行する際、すでに「とみしろ」の読みを採用していた豊見城高校などと同様に「とみしろ」に統一しようという意見があったものの、結局は地域特有の地名の読み方を尊重する立場から、あえて変えなかった。

千葉県山武市《さんむ》も山武郡《さんぶ》にちなむ市名だが、こちらも読みが変更された。もっともこの郡名は明治三〇年（一八九七）に山辺郡《やまのべ》と武射郡《むさ》が合併した際に合成したもので「歴史的に正当な読み」はなさそうだが、武射のムに合わせたということだろうか。ブよりムの方が音が柔らかいことも、最近のソフト志向を反映したものと言えそうだ。

◆アイヌ語ばかりではない北海道の地名

日本一人口の少ない市は北海道歌志内市《うたしない》である。平成二七年（二〇一五）一〇月末日現在わずか三六九五人（うち六五歳以上が約四六パーセント）と全国最小のダントツ一位を独走状態だ。ちなみに現在では原則として五万人いないと市になれないのだから、その突出ぶりがわかる。

歌志内は明治期から炭鉱の町として発展し、歌志内村であった明治四一年（一九〇八）にすでに一万人を超え、最盛期の昭和二三年（一九四八）には約四万六〇〇〇を数えた。しかしその後は閉山で人口流出が続き、まだ四万人台であった昭和三三年（一九五八）に市制施行したものの、減少は今に至るまで止まっていない。その西隣には砂川市がある。こちらは一万七八〇七人（平成二七年一〇月末日現在）で、歌志内には及ばないものの最盛期よりだいぶ減少した。

歌志内市と砂川市はどちらも石狩川支流のペンケウタシナイ川というカタカナ表記の川の流域にある。この川はアイヌ語が起源で、ペンケ＝上流側の、オタ＝砂、ウシュ＝ある、ナイ＝川を意味する。オタウシュナイが「和人」に発音しやすくウタシナイに転訛され、その上流側の村はこの発音に歌志内という漢字を当て、下流側の村はこれを翻訳して砂川とした。要するに同じ源から出た地名なのである。

旭川という地名はチュプ・ペツ（日の出の・川）を翻訳したという。もとはチュウ・

ペッ（波立つ・川）で、それがチュプ・ペッに転訛した後で翻訳されたので原義とは異なっているらしい。旭川駅のすぐ南側を流れるのが石狩川支流の忠別川で、こちらは表音文字として「忠別」の字を採用した。文字の選択については、命名当時の翻訳する立場にあった人の漢字選びのセンスが反映されるから、同源の地名、たとえばシ・ペッ（大きな・川）に根室管内の町は標津《しべつ》という字を当て、上川管内なら士別と、字の切り方さえ異なる例もあり、出てくる地名表記は多種多様である。

明治の昔にアイヌ語地名の漢字の当て方に関するガイドラインが存在したわけではないから、時にはまったく反対の意味の漢字を付けてしまうこともあった。たとえば札幌市内にある平岸という地名はピラ・ケシ（崖の・端）に漢字を当てたもので、岸はともかく険しいはずの崖に反対語の「平」を据えてしまったため、崖っぷちが平らになってしまったのである。

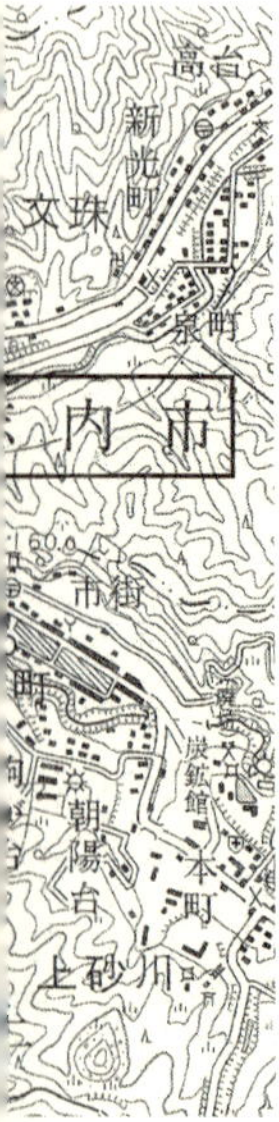

アイヌ語では大小ある場合、大きい方をシ、小さい方をモと言うのだが、シに

同じアイヌ語の地名―「オタウシュナイ」を、音で表わした歌志内市（右）と和訳した砂川市（左）。矢印は両市を流れるカタカナ表記のペンケウタシナイ川。1：50,000 地形図「砂川」平成 7 年修正

支という字を当てたため誤解されることもある。たとえば雪裡《せつり》川の本流沿いには支《し》雪裡《せつり》という地名があって紛らわしい（支流側は茂《も》雪《せっ》裡《り》）。ちなみに夕張川上流部にある平成二七年（二〇一五）竣工した巨大なシューパロダムは、夕張川本流を意味するシ・ユウパロ（大きなユウパロ）で、ユ・パロは「温泉が出るところ」である。ついでながら、ユは日本語の「湯」がアイ

ヌ語に取り入れられたもので、本来のアイヌ語で温泉は「セセキ」と称する（知床の瀬石温泉など）。

北海道の地名はアイヌ語地名のイメージが強いけれど、そればかりではない。札幌市の隣にある北広島市は、この地を明治一八年（一八八五）以降に開墾した和田郁次郎《いくじろう》ら一八戸の出身地が広島県であったことにちなむし（市制施行以前は広島町）、同じ札幌市の白石区《しろいしく》は仙台藩の白石家中《かちゅう》（現宮城県白石市）の主従が移住したことによる。

故郷の名前を付けるケースは他にも非常に多く、奈良県の十津川村《とつかわむら》が明治二二年（一八八九）の大水害を機に集団移住したことから新十津川町を始める（当初は新十津川村）など枚挙に暇《いとま》がない。中には藩主の姓が用いられた例もあって、たとえば後志《しりべし》管内にある羊蹄《ようてい》山麓の京極町は、入植した丸亀（現香川県）藩主の京極家の名を採用したものだし、伊達《だて》市も陸奥《むつ》亘理《わたり》藩（宮城県）の一五代藩主・伊達邦成《くにしげ》の入植で始まった（福島県伊達市は伊達氏発祥の地の郡名）。岩見沢市の旧炭鉱町であった万字という地名は少々変わり種で、明治期にこれを開発した朝吹家の家紋が卍《まんじ》であったことにちなむ。

先住民の地名を漢字表記したもの、意訳したもの、故郷の地名、殿様の姓。歴史が浅いと思われがちな北海道の地名も、実は多種多様で奥が深いのである。

◆方言の地名

筆者は小学生の頃まで七を「ひち」と読んでいた。父が名古屋出身であったためだろうか。質屋も「ひちや」と発音するので、名古屋市の街角では、今でも大きく平仮名で「ひち」と墨痕《ぼっこん》鮮やかに記された看板を見かける。そういえば岐阜県加茂郡の飛騨川沿いには七宗町という自治体があり、その正式な読みは「ひちそう」だ。この自治体名は町村合併促進法に基づく合併が盛んだった昭和三〇年（一九五五）に七宗山《ざん》の名をとって命名されたもので、この山で上質の檜《ひのき》や杉を産することから、尾張徳川藩が厳重に管理していた。ここだけでなく岐阜市に現存する七軒町、白山市（旧松任《まっとう》市）の七郎町、名古屋市七反田町などすべて「ひち」だ（最近になって正式名称を「しち」に移行する傾向も見られる）。

第一章の峠《とうげ》の地名でもタワ、タオなどと称する例をご紹介したが、方言に基づく表記を今も守っている地名は、テレビやラジオの普及以来急速に標準語化が進んだ現在でも、

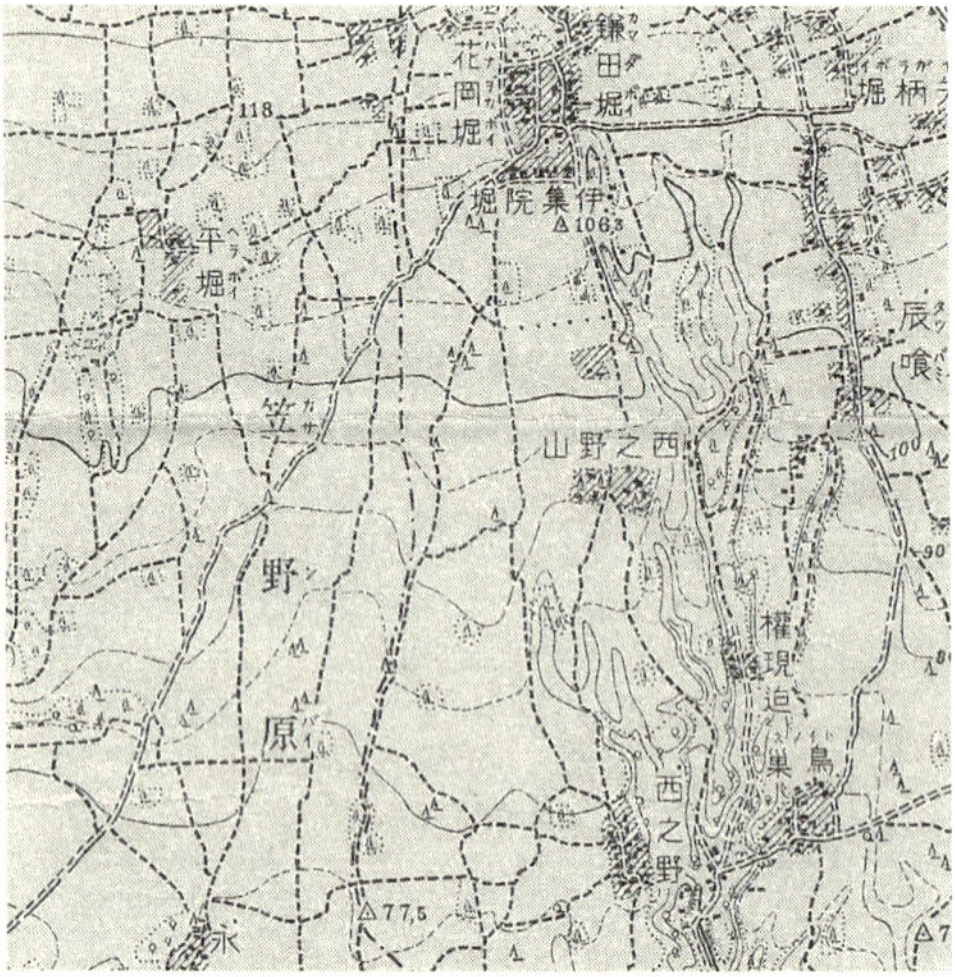

鹿児島県の笠野原《かさんばい》とその周辺。他にも方言ルビの付いた地名が目立つ。1：50,000 地形図「鹿屋」明治 35 年測図。

意外に多い。九州で地名につく原を「はる」と読むのが代表例かもしれないが、鹿児島県の大隅半島にある笠野原という台地は例外だ。かつて中学校の地図帳にも大規模な国営灌《かん》漑《がい》事業として、地図入りで紹介されていた記憶がある。筆者は鉄道の駅名を記憶するのが小中学校を通じての趣味で、当時は鹿児島本線や日豊《にっぽう》本線などを暗記したばかり。九州の駅名で「原」という字をほぼ例外なくハル（バル）と読むことを知っていたので、どうして「かさのはら」なのかと意外に思ったものだ。

その後三〇年ほど経って、笠野原地域の明治三五年（一九〇二）測図の五万分の一地形図を入手して驚いた。笠野原に「カサンバイ」のルビが記されていたからである。これがおそらく方言を正しく反映した表記なのだろう。しかし昭和に入ると「かさのばる」と記されるようになっていく。「かさん」と撥音《はつおん》便化するのは鹿児島方言の特徴だが、改まった場でルビを振ることになれば「かさの」となり、原のハイも「九州の標準語」ではハルなので、「かさのばる」となったのだろう。さらにこの国営事業が東京あたりに知られてくると、「よそ行き」の度はさらに強まって「かさのはら」の読みとなったのではないだろうか。

笠野原に点在する集落のルビも土持堀《つつもちぼい》、平堀《へらぼい》、鳥巣《といのす》、垂水堀《たいみずぼい》などなど「方言力全開」といった風情だが、現在はどうなっているのだろうか。もうひとつ付け加えなければならないのは、特に鹿児島県や沖縄県の事情として、戦前からかなり強引に行われていた学校教育における「標準語化」の指導である。これが地名の読みに大きく影を落としているのかもしれない。

さて、北陸や静岡県などの方言で「大きい」ことを「イカイ」というが、福井県越前町には大玉《いかだま》という地名がある。他地方の人が聞けばまったく想像もできない難読地名と

石川県加賀市の動橋《いぶりはし》。1：50,000 地形図「大聖寺」平成 2 年修正

いうことになるが、地元の人ならぴったりくるのだろう。筆者の祖母が福井県の出身であったが、大きい方の兄のことを「いかんちゃん」と言っていたので、この地名の読みについては納得できた。隣の石川県加賀市には動橋《いぶりはし》という地名が北陸本線の駅名にもなっていて、こちらも難読で知られているが、当地の方言で「いぶる」といえば「ゆする」とか「揺り動かす」という意味で、動橋という表記はこの意味を的確に漢字表現したということだろう。

沖縄の方言では東・西をアガリ、イリという。地名にも東山《あがりやま》（うるま市）や西洲《いりじま》（浦添市）、有名な西表島《いりおもて》もその例である。南北の大東島は現在はダイトウジマと音読みするが、昔はウフアガリシマと方言の訓読みだった。戦後は「標準語読み」の傾向が強まったようで、与那城村など平成六年（一九九四）の町制施行を機にヨナグスクからヨナシロにわざわざ変更した一方で、豊見城村が市制施行の際、議論の末にトミグスクの読みを守った例もあり、一様ではない。

沖縄でとても厄介なのが、北の方角を方言でニシと呼ぶことだ。かつて昭和五三年（一九七八）～平成二年（一九九〇）まで沖縄県知事をつとめた西銘《にしめ》順治《じゅんじ》さんの姓である西銘という地名は県内に何か所かあり、本来は「北の山」を意味するという。ちなみに沖縄本島の北端近くにある西銘岳（四二〇メートル）もその語源にぴったりだ。

その一方で日本最南端の有人島として知られる波照間島《はてるま》の北の海岸は北浜と書いて「にしぱま」と読む。ニシを発音に合わせるのか、それとも意味に合わせるのか。どちらで表記するかは昔から悩みどころだったようだが、北と西では意味がまさに九〇度も違ってしまう。西原という漢字表記の地名で見ると、沖縄市西原《にしばる》は越来《ごえく》城の北（ニシ）に位置するし、鹿児島県の沖永良部島《おきのえらぶ》の西原《にしばる》も島の北方に位置する平地だ（正しい地名の由来は埋もれてしまう)。ところが沖縄県うるま市(旧具志川市)の西原はイリバルと読み、これは本当の西。由来を正確に伝えようとすれば難読になり、音に忠実たろうとすれば語源が不明となる。アイヌ語起源の北海道の地名で崖を意味する「ピラ」に平という字が宛てられる問題なども含め、なかなか厄介かつ興味深いテーマである。

◆増加するカタカナの地名

プラットホームに掲げられた駅名標。戦前からローマ字併記は当たり前であったが、最近はこれに中国語やハングルが加わったものをよく見かける。中国や韓国からの観光客の増加が背景にあることは間違いない、このうちハングルは「発音記号」だからともかく、中国語表記で苦労するのがカタカナ駅名らしい。

中国では漢字圏以外の外来語を日本で片仮名表記するのと同様、ロシアを俄羅新《オロヌ》(台湾では正字＝繁体字、中国では簡体字。以下同様)、デンマークを丹麦といった具合に漢字を表音文字として表記するのが基本だ。場合によっては原語そのものではなく、カンガルーを大袋鼠と意訳することも、またバレエを芭蕾舞と音訳と意訳を混ぜることもある。

ところで、日本のカタカナ地名・駅名をどう表記するかといえば、基本的には意訳が多いようだ。例えば、小田急多摩センター駅は「小田急多摩中心」だし、大阪市のウォーターフロントにある地下鉄コスモスクエア駅など「宇宙広場」である。例外的なのは山梨県南アルプス市の「南阿爾卑斯市」で、これは音に漢字を当てており、どことなくウイグルやチベット語圏を思わせる表記だ。

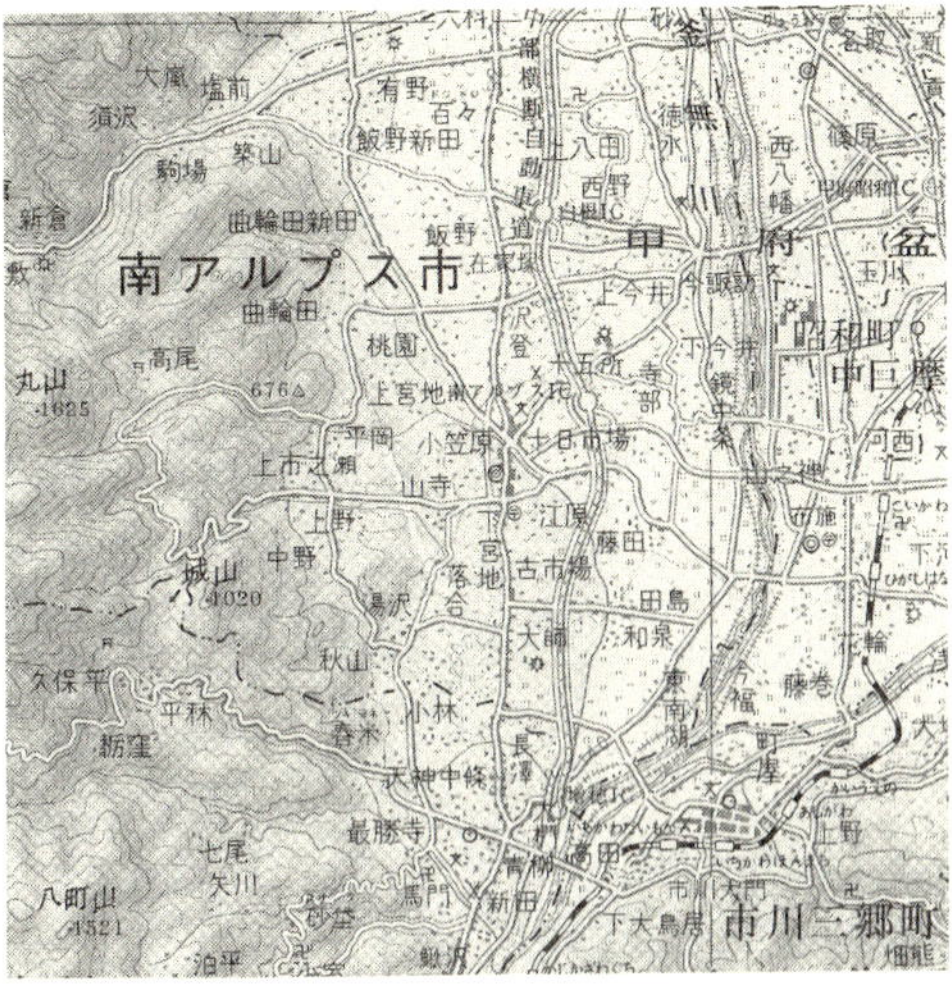

日本唯一のカタカナ市名となった南アルプス市。1：200,000 地勢図「甲府」平成23年要部修正

　それはさておき、最近の日本では漢字表記するのに悩みそうなカタカナ地名が増えている。自治体名としては、全国でも前述の南アルプス市と北海道のニセコ町しかないのだが、大字・町レベルだと膨大な数に上る。

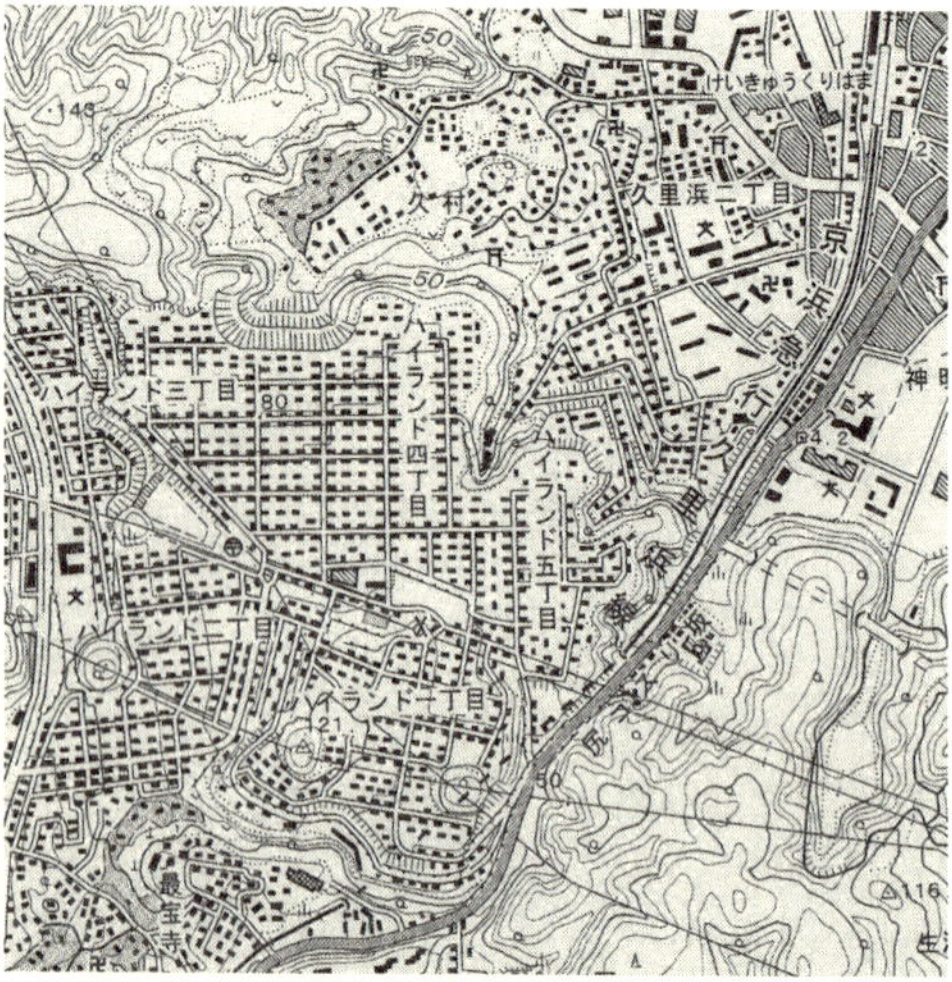

カタカナ町名としては「老舗」の横須賀市ハイランド。
1：25,000 地形図「浦賀」平成 22 年更新

古株ではいずれも新興住宅地の町名として命名された横須賀市ハイランド（昭和五〇年）、さいたま市西区プラザ（旧大宮市、同五九年）などがあるが、平成に入ってからは全国各地に続々と出現している印象だ。

滋賀県湖南市にはサイドタウン一丁目〜四丁目が平成二〇年（二〇〇八）に誕生した。これは何のサイドかといえば、名神高速道路に面した「ハイウェイサイドタウン」を短縮したもので、以前は菩提寺《ぼだいじ》という大字の一部だった。菩提寺という、いかにも歴史的な地名からサイドタウンというのは劇的なイメージチェンジである。能登半島の北部にある石川県輪島市は「輪島塗」の伝統

あるイメージがあるのだが、埋立地に命名したのはマリンタウン（平成一六年）。ひねらずストレートなのが山口県柳井市ニュータウン南町（平成一一年）で、これはもと古《こ》開作《がいさく》と称する土地であった。開作とは、新田開発に由来する山口県特有の地名である。寛文三年（一六六三）に開かれたもので、その後、貞享三年（一六八六）に新たに開作ができた後に「古く開かれた方」を区別する意味合いで古開作になった。思えば、ニュータウンも平成の開作（ただし農地ではないが）で、新開地の地名であることは間違いない。

平成に入ってハイテク関連業界がもてはやされ始めると、「テクノ」の付くものが各地に散見されるようになってくる。例えば、札幌市厚別区の下野幌《しものっぽろ》テクノパーク（平成三年）、福井県若狭《わかさ》町若狭テクノバレー（同年）、大阪府和泉市テクノステージ（平成一一年）、高知県香美《かみ》市の土佐山田町テクノパーク（平成一五年）、鹿児島県霧島市テクノパーク（平成一七年）、岐阜県各務原《かかみがはら》市のテクノプラザ（平成二〇年）など全国に分布している。最後のテクノプラザはもともと須衛《すえ》町などの一部であった。かつて須恵器の産地だったことにちなむ地名なので、昔の職人技テクノロジーが現代にプラザ（スペイン語で「広場」）を付けて再登場した雰囲気である。

同じ県内には岐阜県コモンヒルズ北山という、マンションを思わせる町名も平成一四年（二〇〇二）に登場した。元は大洞《おおぼら》桐ケ丘などの一部で、洞は岐阜に特有な谷間を意味する地名である。しかし、その谷間は埋め立てられ、谷をヒル（丘）に改変したといえば、赤坂アークヒルズ（東京都港区）の元の地名に谷町が含まれていること、それに六本木ヒルズの多くを占める旧町名が北日ケ窪《ひがくぼ》町と称していたのと共通しているのは興味深い。谷や窪地から丘への「脱皮願望」だろうか。

ヒルズといえば、札幌市の北に隣接する北海道当別町にはスウェーデンヒルズという町があり、私も訪れたことがある。その名の通りスウェーデン直輸入の家が並んでいる新興住宅地で、その会社のサイトに「景観が統一された美しい街並みは、一瞬、北欧の街に足を踏み入れたのでないかという錯覚すら覚えます。」とあるように、公園に黒髪の日本人の子供たちが遊んでいなければ、まったく区別がつかない。ヨーロッパのような街並みといえば、長崎県のハウステンボスであるが、オランダの街並みを再現したテーマパークの所在地は、そのものズバリ、佐世保市ハウステンボス町と称する。開園前年の平成三年（一九九一）に指方町《さしかた》の一部を分割してできた。

最後に、漢字・ひらがな・カタカナ併用地名をご紹介しよう。埼玉県三郷《みさと》市の「新三郷ららシティ」である。平成二〇年（二〇〇八）に大広戸《おおひろと》、彦成《ひこなり》などの一部を割いてできた武蔵野線の操車場跡地で、再開発に伴って、大規模ショッピングセンター「ららぽーと」が進出したのを歓迎してこうなった模様だ。ＪＲ武蔵野線新三郷駅の所在地は「三郷市新三郷ららシティ二丁目四」である。同線には平成二〇年（二〇〇八）に越谷《こしがや》レイクタウンという駅も誕生（駅の所在地は越谷市レイクタウン八丁目）、無国籍化が進む日本もここまで来たか、と感慨ひとしおである。

◆身の回り品から動物まで―普通名詞の地名

机、押入、皿、鍵穴、碁石。いずれもれっきとした現役の地名である。机は岩手県田野畑村、押入と皿は岡山県津山市、鍵穴は静岡県富士市、碁石は新潟県村上市にある。世に言う「珍しい地名」には大きく分けて難読地名と、地名らしからぬ普通名詞地名がある。このうち難読地名は、たとえば大嵐《おおぞれ》（浜松市天竜区）のような読みの難しい難読地名と垳《がけ》（埼玉県八潮市）のように漢字そのものが珍しい難読地名があるが、ここでは普通名詞地名を取り上げてみたい。

先に挙げた地名はどのような由来があるのだろうか。まず一つ目、岩手県の机は太平洋に面した北山崎のすぐ近くにある。このあたりは陸地が隆起した海岸段丘の地形になっていて、断崖絶壁が長く続いている。なるほど漁船などから見れば机をイメージしたくなる気持ちにもなるだろう。もちろんそれが本当に由来かどうかは、大昔の命名者に聞いてみないとわからない。アフリカ南端部の喜望峰《きぼうほう》近くにテーブルマウンテンという有名な山があるが、あれもテーブルのようにてっぺんが平らになった山を形容して名付けられた素朴な事例だ。

日本の地名は「当て字」が昔から広く行われているので、机という地名を「テーブル的な地形」で読み解けるような簡単なものは少ない。たとえば四つ目の鍵穴という地名は四つの違う表記が混在した地域だ。次ページの図を見ていただければ一目瞭然だが、富士市側に桑木穴・鍵穴の二つの表記があって（こちらを総称したのが平仮名表記「かぎあな」）、静岡市清水区（旧由比町）側には香木穴がある。いずれも読みは「かぎあな」

だ。

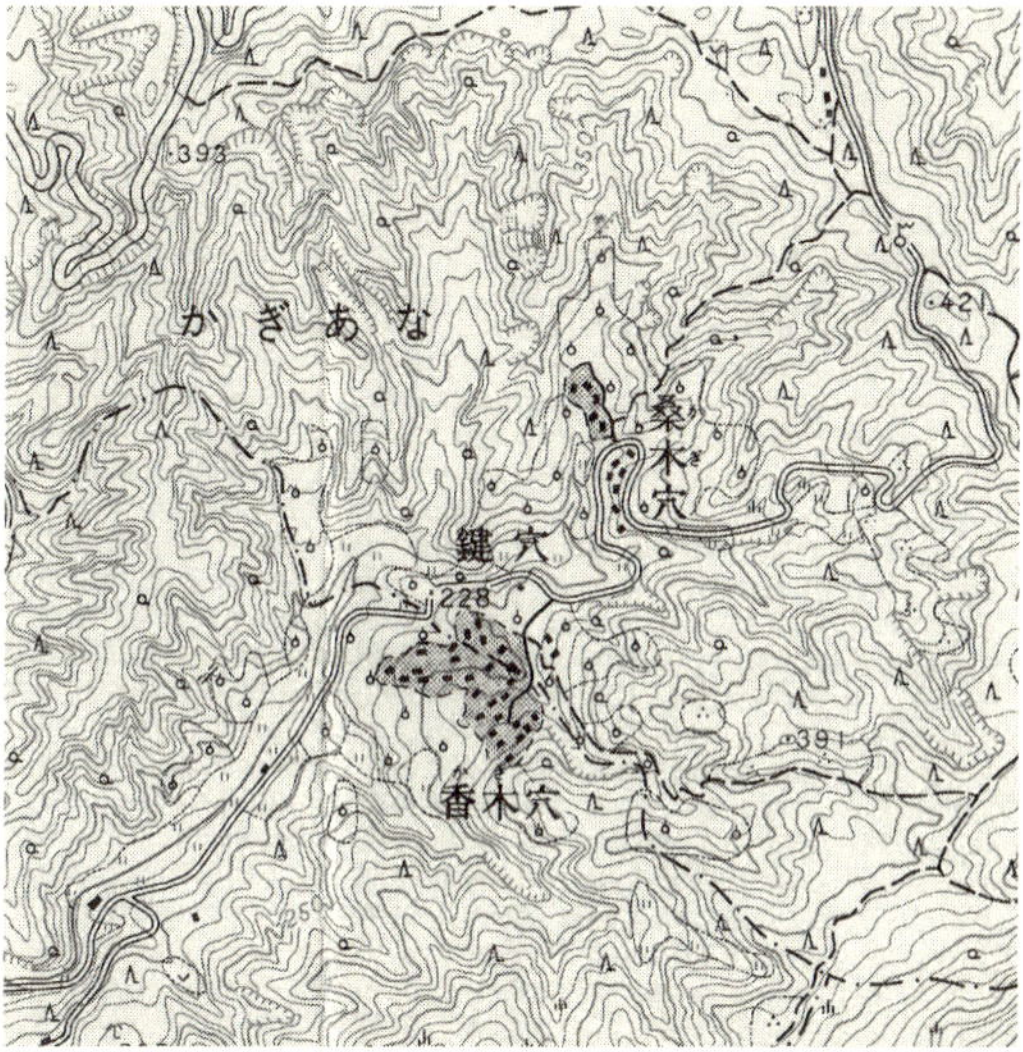

4通りの表記をもつ「かぎあな」の地名。1：25,000地形図「蒲原」平成7年修正

静岡・富士の両市にまたがっているというのが、この複雑な事情を解くまさにカギとなる。漢字表記された三つの地名のうち桑木穴は昭和三二年（一九五七）まで庵《い》原《はら》郡松野村大字南松野（現富士市南松野）に所属していた。これに対して鍵穴は地区が隣接しているにもかかわらず庵原郡富士川町大字中之郷（現富士市中之郷）。そして三つ目の香木穴も隣接しており、庵原郡由比町大字入山（現静岡市清水区由比入山）に属していた。

証拠があるわけではないが想像してみると、カギアナと呼ばれた地区が江戸期またはそれ以前に何らかの事情で三つの村に別々に所属することとなった。そのため混同を避けるためにそれぞれ別の字が当てられたのである。しかし昭和の大合併では松野村の桑木穴と富士川町の鍵穴が同じ富士川町内（現富士市）となったため、大字違いの両者を総称する意味合いでひらがな表記が行われるようになった。おそらく大筋で間違いないだろう。

ちなみに「カギ」を地名用語的に見ると、①カギの手に曲がったところと、②カケ（欠ける）に関連する崩壊地名のどちらかであると考えられるが、私が当地を訪れて何人かの住民の方にうかがった限りでは真相はわからなかった。

さて、押入も皿もある岡山県津山市であるが、このうち皿は平安から戦国時代に至るまでは佐良と称していたというので、江戸時代から表記されるようになった皿は誰かが当て字したようだ（もちろん佐良も当て字）。一方の押入は津山の旧市街から加茂川を東へ数キロ遡ったところで、加茂川の運んだ土砂が作った盆地状の地域である。押出などという地名は扇状地など土砂が押し出して形成された土地に付けられることが多く、こちらの押入も土砂の堆積と関係があるのだろうか。地区内には壁屋という地名があるのも興味深い。

最後に挙げた新潟県村上市の碁石は、海岸で碁石大の色石が採れることからという。あまりにもわかりやすい由来だが、他のゴイシと発音する地形か何かを説明した古語に字を当てたということはないだろうか。ついでながら、静岡県川根本町の大井川に面したところには地名《じな》という地名もある。これは大井川鐵道《てつどう》の駅名にもなっているので知る人ぞ知る存在だ。

動物の地名も意外に多い。もちろん熊本や馬込のように他の要素と組み合わされたものは無数に存在するが、それを除いた単独のものもかなり分布している。たとえば熊という地名は大字レベルで浜松市天竜区と大分県宇佐市、それに福島県大熊町にある。最後の大熊町の熊は福島第一原子力発電所から数キロの近さで、今も一般人は立ち入ることができないが、大熊という自治体名は昭和二九年（一九五四）に合併した大野村と熊《くま》町《まち》村の両者を合成したものだ。地形的には三者三様だが、浜松市の熊は熊野神社にちなむという説もあるそうだ。

古荒新田から「こあら」に華麗なる変身。1：25,000 地形図「酒田南部」平成 18 年更新

鳥取市の白兎《はくと》は、これは由来がはっきりしている。まさに「因幡《いなば》の白ウサギ」の舞台であるが、古代以来というわけではなく昭和二八年（一九五三）に内海《うつみ》という地名を神話にちなんで変更した新しいものだ。新しいといえば山形県酒田市の「こあら」という地名には度肝を抜かれる。オーストラリアに住んでいる有袋類の名前そのものだが、これは古《こ》荒新田《あらしんでん》という江戸時代以来の地名を平成一三年（二〇〇一）にひらがな化したものである。最近になって宅地化された地域で、かつて廃田を甦らせたことにちなむ「古

荒」新田を、かわいい珍獣の名に変えて一発逆転（?）を狙った、ということだろうか。

◆間違えやすい地名

茨城県の龍ケ崎市には竜ヶ崎駅（関東鉄道）がある。大阪の四條畷《しじょうなわて》市とJRの四条畷駅は表記が微妙に違うけれど、駅の所在地はそもそも隣の大東市。福岡県の町名は大刀洗《たちあらい》町だが駅は隣町にあって太刀洗駅。そんな風に施設と自治体の名前が微妙に異なる表記は意外にあちこちにあるものだが、町名でもうっかり書き誤ってしまうものは多い。

たとえば青森県黒石市にある鍛冶《かじ》町。出版社の校閲部にこの表記を見つけられたら、ほぼ確実に「鍛冶町では?」と指摘されてしまうのだが、この黒石市と岩手県花巻市、石川県白山市（旧松任市）ではサンズイの鍛治町が正しい。そもそも金属加工業者である鍛冶屋とは、文字通り金属を鍛える、溶かす（冶）という行為であるが、治の字は「つかさどる」「なおす」といった意味もあるので、あながち間違いと断定できない雰囲気でもあるから、それで何か所かに分布したのかもしれない。兵庫県南あわじ市には鍛治屋、大阪府和泉市にも鍛治屋町などがある。これもよほど意識していないと間違うだろうし、正しく書いたとしても「こいつ教養がないな」などと誤解されかねない。

京都市下京区の西本願寺門前には珠数屋《じゅずや》町という町がある。文字通り数珠屋さんが並んでいたことにちなむ町名で、今でも数軒の数珠屋が残っている。ここまで読んでも気付かない方が多いと思うが（私もそうだった）、数珠と珠数屋町は字の順番が違う。昔はジュズを逆順で書くこともあったのだろうか。「売買」も中国では「買売」らしい。

鹿児島県の川内《せんだい》原子力発電所のすぐ南側、いちき串木野市にある海士泊《あまどまり》という地名も、「誤答率」が高いと思われる。「あまどまり」と読むのだが、ふつうの表記である海士の「士」がよく見ると土になっているのだ。これはいくら何でも間違いから発した地名だとは思うが、誤記が定着した地名はたまに存在する。たとえば愛知県南部の宝飯《ほい》郡はかつて宝飫《ほお》郡だったのが、墨でおそらく崩し気味に書かれた旁《つくり》の部分を誰かが書き誤り、それが定着したという。

富士山という山は人気があるので全国各地に分布しているが、たまにウカンムリではなくワカンムリの冨士という表記にも出会う。埼玉県行田市には「冨士見町《ふじみちょう》」という町さえあるから要注意。ちなみに字の意味は富と同じで、いわゆる俗字だ。冨士さんという姓もあり、永年の積み重ねがあれば愛着も湧くのが人情だ。厄介なのが愛媛県大洲《おおず》市の冨士で、こちらは「とみす」と読み、旧市街に面した冨士山《とみすやま》の東麓《とうろく》に位置する地名だ。

よく知っている簡単な字と混同しやすい筆頭は、おそらく兵庫県宝塚市の伊孑志《いそし》だろう。手書きされたまん中の字は知らなければ誰もが「子」と書き、また「いこし」などと読んでしまうに違いない。『角川日本地名大辞典』によれば、平安時代に編纂《へんさん》された歴史書である『日本三代実録』に、貞観元年（八五九）の一二月二二日条に摂津守《せっつのかみ》滋野《しげの》朝臣《あそん》貞雄《さだお》の卒伝として「貞雄は右京の人なり……延暦十七年に伊蘇志臣《いそしのおみ》を改めて滋野宿《すく》禰《ね》を賜ふ」とある伊蘇志臣が当地に住んでいたと考えられるそうだ。蘇の字がなぜ孑になったのか『角川』には記載がないので想像するしかないが、この字は漢和辞典によれば「子部」に属し、原義は「右腕がない」というもので、音はケツ（「左腕がない」という字も「子」の横棒が左に突き出していない字がある）。

孑の字は転じて「のこる」「ちいさい」「ひとり」「ひとつ」の意味があり、孑然《つくねん》という用例も載っていた。どうしてここの地名にこの字が使われたのかさっぱりわからないが、いずれにせよきわめて使用頻度の低い字であることは間違いなく、一五万以上に及

宝塚市の間違われやすい難読地名・伊孑志（宝塚市の「市」の近く）。1：25,000 地形図「宝塚」平成 15 年更新

ぶ日本の大字レベルの地名でこの字を使っているのはここだけである。さらに小字も多く収録して数十万以上と思われる国土地理院の地形図でも、地名検索で出てくるのはこの伊孑志だけであった。住民の方はこの字をどうやって説明しているのだろうか。面倒だから「伊子志」としている人もいるに違いない。

　自然地名でも似た川の名前が隣接していることがある。たとえば滋賀県の竜王町を流れる善光寺川と、隣の野洲《やす》市の光善寺川。地図を最初に見た時はどちらかが誤植ではないかと疑ったが、いずれも日野川の別の支流だ。ちなみにJR身延線には甲府市内に善光寺駅があり、京阪電鉄には大阪府枚方《ひらかた》市内に光善寺駅がある。いずれもその名の寺にちなむ駅名なので、滋賀県のこれらの川もそれぞれの寺の脇を流れていたのだろうか。

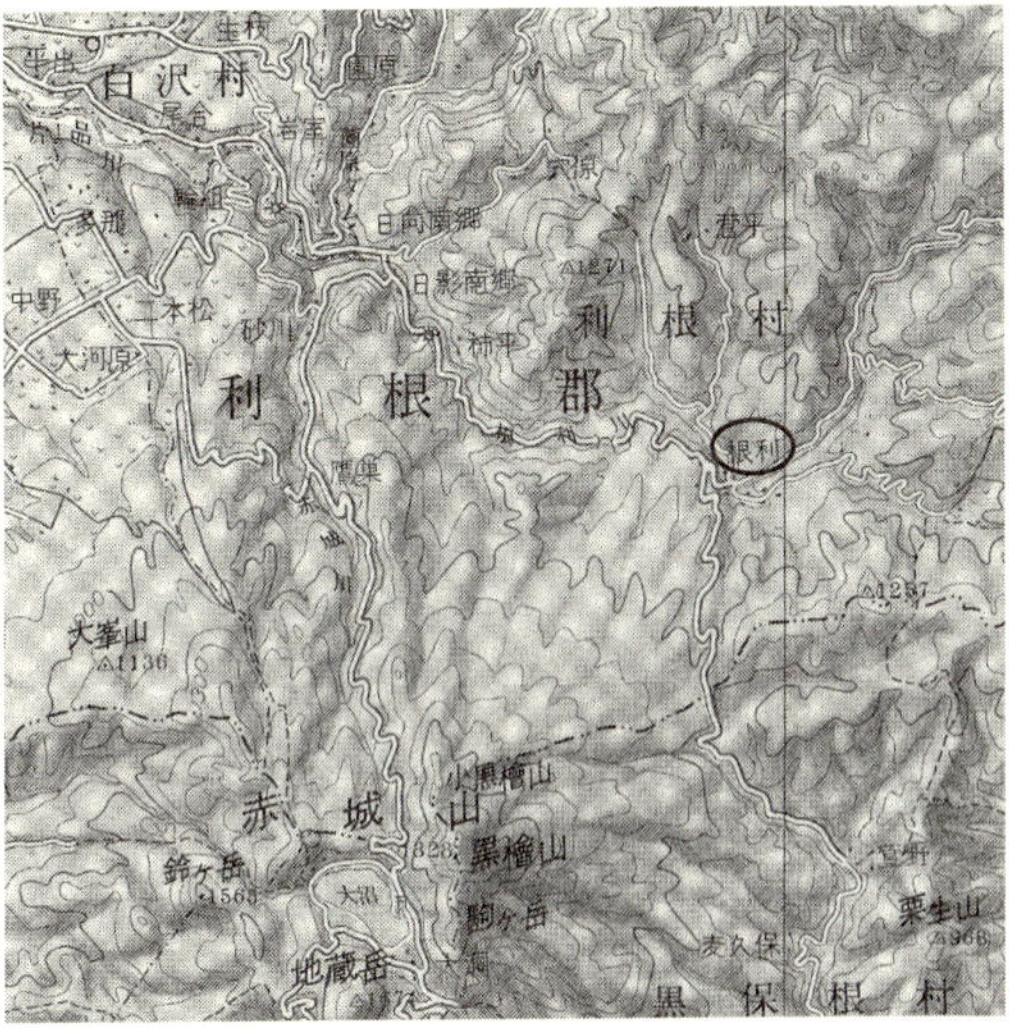

旧利根村（現在は沼田市内）の根利集落と根利川。1：200,000 地勢図「宇都宮」平成９年要部修正

利根川の支流には根利《ねり》川。こちらは群馬県で、利根川の支流である片品川のさらに支流である。流域には根利という集落もあり、平成一七年（二〇〇五）に沼田市内になる以前は利根村に所属していたので「利根村根利」という、前後どちらから読んでも同じ「回文

地名」であった。

第四章　歴史を映す地名の移ろい

◆意外に多い合成地名

東京都の大田区はよく「太田区」と誤って書かれるが、大森区と蒲田区が昭和二二年（一九四七）に合併してできたことを知っている人は絶対に間違えない。このように、複数の地名から頭文字などをとって足したものを「合成地名」と呼ぶ。合成されても、一見すると昔からの歴史的地名と区別できないから厄介だ。実際に大田（おおた・おおだ）という地名は島根県大田《おおだ》市をはじめ、全国にいくつも存在する。

日本では明治二二年（一八八九）、町村制施行に伴って新しい町村が多数誕生した。それ以前の村といえば江戸時代以来の小規模な「藩政村」であり、数十人から数百年程度の小さなものが大半で、近代国家の基礎自治体としての役割を担わせるため数か村ずつの合併を行わせ、いわゆる「行政村」としたのである。これがいわゆる「明治の大合併」で、その前年の明治二一年における町村の数は七万一三一四（村が大半）で、これが町村制施行直後に一万五八二〇になったから、ほぼ四・五分の一に減った勘定になる。

これらの新しい村の名称をどうするかについては各地で調整が難航した。明らかに大きな村と周辺の小村が合併するなら問題ないのだが、同規模の数か村が合併する場合は特定の村名を採用するわけにもいかず、江戸時代の郷名・領名などの広域地名や通称、もしくは地域全体を象徴する山河の名などが採用された。しかし決め手がない場合にしばしば用いられたのが、合成地名である。大田区は昭和になってからの合成だが、明治の大合併からすでにその手法は広く用いられてきた。当時の内務省も町村合併の標準を提示した「訓令第三五二号」で同規模の村の合併にあたっての合成地名を次のように勧めている。まさに和の精神、もしくはみんなが我慢する「日本方式」である。

互ニ優劣ナキ数町村ヲ合併スルトキハ各町村ノ旧名称ヲ参互折衷スル等適宜斟酌《しんしゃく》シ勉メテ民情ニ背カサルコトヲ要ス

千葉県習志野市の津田沼という地名は谷津《やつ》・久々田《くぐた》・鷺沼《さぎぬま》・藤崎・大久保新田の五村

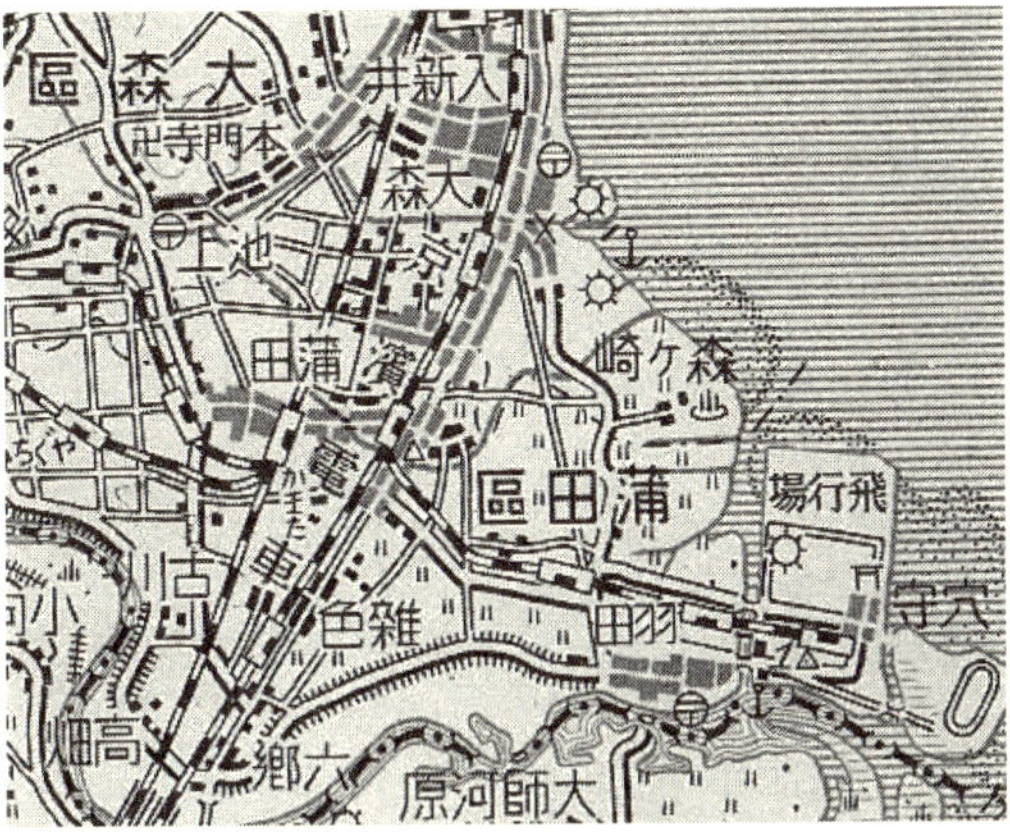

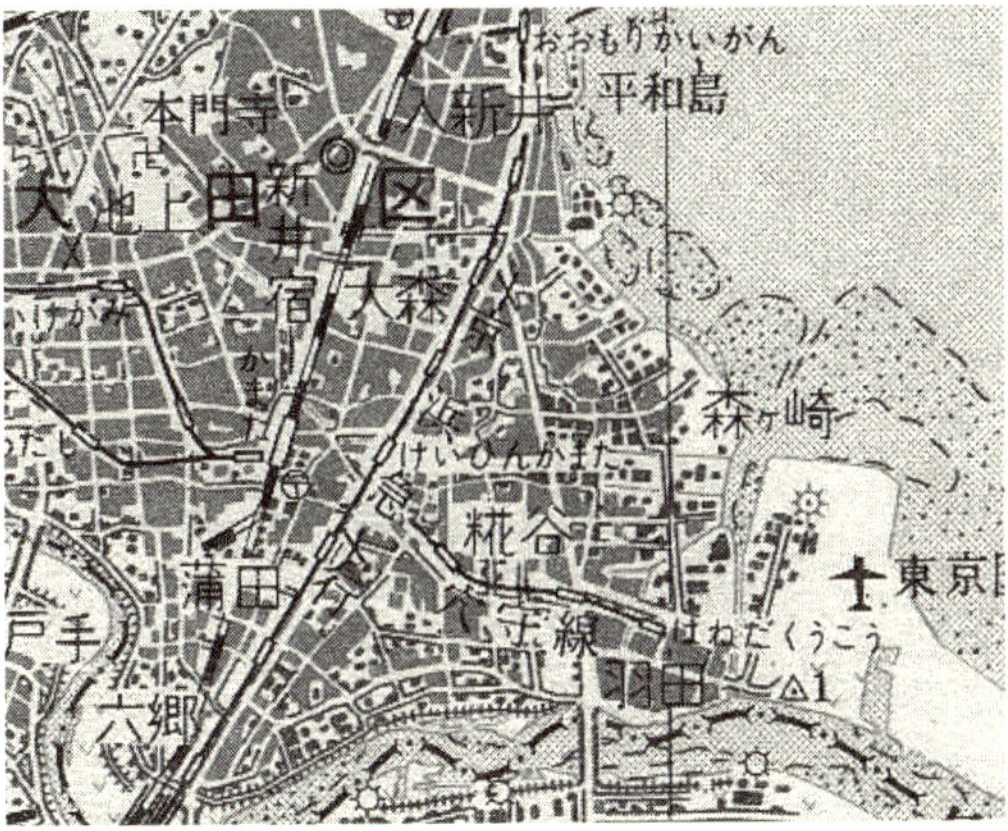

上：大森区と蒲田区の時代。1：200,000 帝国図「東京」昭和 9 年修正×2.0
下：両区が合併して大田区に。1：200,000 地勢図「東京」昭和 34 年修正×2.0

が合併した際に、有力な三村（冒頭の三者）の末尾一字ずつを合成したものだ（千葉県千葉郡津田沼村）。しかし合成地名は「どんぐりの背比べ」の自治体であるから、次の合併があれば他の有力地名に「負けて」しまうため、市のレベルでは比較的少ない。それでも明治の町村制時に合成された福岡県行橋《ゆくはし》市（行事村＋大橋村＋宮市村＝行橋町）や、岡山県玉野市（玉村＋宇野村＝玉野村）などは今も健在だ。町村制以前の合成地名による市名としては、愛知県の蒲郡《がまごおり》市（蒲形《かまがた》村＋西郡村。明治八年）と稲沢市（稲葉村＋小沢《こざわ》村。明治二〇年）がある。

合成する村の数が多くなると、そのまま四つも五つも漢字を連ねるわけにいかず、ひと手間かけた傑作も登場した。山梨県の清哲《せいてつ》村（現韮崎《にらさき》市）は、明治町村制以前の明治七年（一八七四）に水上《みずかみ》・青木・折居・樋口の四村が合併する際に、水＋青で清、折＋口で哲として合成した。舌を巻くような合成手法である。

この手法が全国的に普及してくると、次の合成にもしばしば合成地名が行われる。「昭和の大合併」の時期にあたる昭和三一年（一九五六）に長野県小県《ちいさがた》郡の長窪古《ふる》町・長久保新町・大門村の三町村が合併した際に長門《ながと》町が誕生した。長門といえば山口県西部の旧国名でそちらに何か縁がありそうな印象を持つが偶然の産物で関係ない。その長門町が「平成の大合併」では隣の和田村と合併し、合成して長和町となった。これを何度も繰り返してその度に新地名をどんどん作ってしまえば、将来は由来も何もわからなくなりそうだ。

　合成地名は郡名にも採用された。郡は古代から連綿と続いているものもあって「歴史的地名」の印象を持たれがちであるが、明治二九年（一八九六）から数年の間に行われた郡の統合の際には多用されている。千葉県の山辺《やまのべ》郡＋武射《むさ》郡＝山武《さんぶ》郡、長柄《ながら》郡＋上埴《は》生《ぶ》郡＝長生《ちょうせい》郡、佐賀県の三根《みね》郡＋養父《やぶ》郡＋基肄《きい》郡＝三養基《みやき》郡といった文字の単純な合成が主流であったが、香川県では阿野《あや》郡＋鵜足《うた》郡＝綾歌《あやうた》郡と別の文字に置き換えて合成する手の込んだものも登場した。ついでながら同県の仲多度《なかたど》郡は那珂《なか》郡と多度郡の合併である。旧郡名は「こんぴらふねふね」の歌詞にも出てくる「まわれば四国は讃州那珂の郡《ごおり》……」のナカノゴオリなのだが、今は仲多度郡なのでピンとこない。また多度郡の港町が多度津であり、鵜足《うた》郡の港町が宇多津というのも、旧郡名がわかって初めて納得できる地名である。

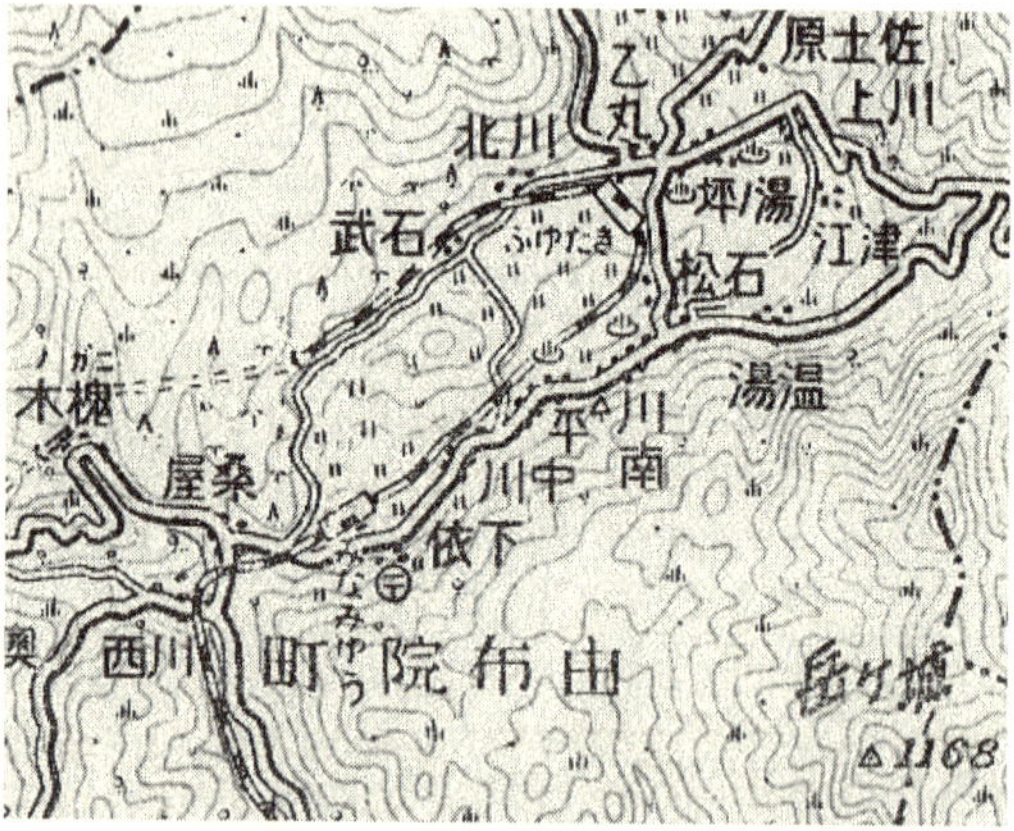

上：由布院町の頃。駅名は旧村の北由布を名乗る。1：200,000 地勢図「大分」昭和 19 年修正（昭和 25 年発行）×2.0
下：湯と由の字が混在していた湯布院町時代。同図平成 15 年修正×2.0

文字が合成されても読みが変わらない合成地名の例が湯布院町（現由布市）で、この町は昭和三〇年（一九五五）に由布院町と湯平《ゆのひら》村が合併して成立した。読みは「ゆふいん」で変わらないのだが、由布院町時代に改称された由布院駅（開業時は北由布村だったので北由布駅）と、湯布院町時代にできた湯布院インターチェンジなどが混在しており、かの有名な温泉は「由布市湯布院町川上にある由布院温泉」である。どれだけの人が間違えないで書けているだろうか。難しい話はヌキにして「掛け流し」にするしかない。

◆それぞれ事情がある飛地

行政区画にしばしば存在する「飛地」。『広辞苑』（第三版）には「①（「飛知」とも書く）近世、城付きの領地に対して遠隔地に分散している知行地。②同じ行政区画に属するが、他にとび離れて存在する土地」とある。

このうち①は論功行賞などで領地として与えられたり、江戸の屋敷を維持するための材木や農産物を供給するために持っている土地などがある。たとえば現在東京都になっている多摩郡内にも前橋藩や彦根藩など遠隔地に本拠地をもつ藩の領地がまだらに存在していた。世田谷区や狛江市に滋賀県の飛地がある状態を想像するようなもので、何やら不思議な感覚になる。これらは明治四年（一八七一）の廃藩置県で機械的に前橋県や彦根県などに置き換えられ、たとえば今は京王線の沿線である八幡山村（現世田谷区）は、彦根藩領だったのでそのまま彦根県（後の滋賀県）となった。しかしこんな「幕体制下の遺制」が残っていたら近代行政の妨げになるのは当然で、これら遠隔地の飛地は翌明治五年までには解消されている。

近世の遺制である①は消えたが、現在も存在し続けているのが②の飛地だ。その「不便」に応じて境界変更して解消されることもあるが、数え上げたらキリがないほど全国各地に多く分布している。

まず県レベルの飛地として最も有名なのが和歌山県の北山村。この村は三重県熊野市と奈良県十津川村・下北山村に挟まれていて、和歌山県の本体とは接していない。もとは熊野市側と同じく紀伊国の牟婁《むろ》郡に属していたが、同郡の東部が明治一一年（一八七八）に度会《わたらい》県（現在の三重県の一部）に所属することになった際にも北山村のエリアだけが和歌山県にとどまったため、この時から県の飛地となった。その理由は木材を通じて河口の新宮《しんぐう》（和歌山県新宮市）との結びつきが強かったからとされる。都府県の飛地は他にも小規模なものはいくつもあるが、市町村の全域が飛地なのは北山村だけだ。

小さなものでは、東京都練馬区にもある。埼玉県新座《にいざ》市内にある東西約六〇メートル、南北約三〇メートルの飛地（西大泉町一一七九番地）で、「本体」である西大泉六丁目からはわずか五五メートル離れているだけ。六世帯がこのミニ飛地に所属しているが、本体に近いのでゴミ収集や学区などは練馬で問題ないらしい。郵便番号も一七八-〇〇六六と練馬区の扱いになっている。ただしこの番号は町名が違うため西大泉の一七八-〇〇六五とは一番違い。

なぜここだけ旧来の西大泉「町」として残ったかといえば、このエリアが埼玉県新座市に編入される方針が昭和四九年（一九七四）には決まったにもかかわらず、住民全員の同意が得られないので当分は存続ということになり、そのため住居表示の実施が見送られたという事情のようだ（本体の西大泉町は現在すべて「西大泉」となり、町が外されている）。だいぶ前の話だが、平成七年（一九九五）に筆者が当地の住民から聞き取ったところによれば地価も新座市側より二割方高いそうでもあり、編入は容易ではなさそうだ。図に掲げたのは鎌ケ谷《かまがや》市の中にある船橋市の飛地で、ここは練馬区の飛地よりはるかに広く、一万一九七五人（平成二一年二月一日現在）が住んでいる。鎌ケ谷市の「細い手」のような道野辺《みちのべ》のエリアが丸山を抱えているような形だが、なぜこのような形になったのだろうか。

謎を解く鍵は地形で、丸山が下総《しもうさ》台地、道野辺がそれを浸食した川沿いの低地である。丸山の台地はかつて山林で、江戸初期の延宝年間（一六七三〜八一）に本行徳《ほんぎょうとく》村（現市川市）の徳田与左衛門が請負って新田開発を行い、それが丸山新田となった（畑）。明治二二年（一八八九）の町村制施行では法典《ほうでん》村に所属してその大字丸山となったが、その後昭和一五年（一九四〇）に船橋市に編入されて現在に至っている。一方で「細い手」の鎌ケ谷市側は道野辺村の大柏川と二和川に沿った水田として古くから開かれていた。明治町村制では鎌ケ谷村に所属し、それが現在の鎌ケ谷市に至っている。「細い手」の最も狭い部分はわずか四二メートルほどで、歩いても数十秒。

このように市境が地形分類の境界にほぼ一致している例は珍しいが、新田開発で台地

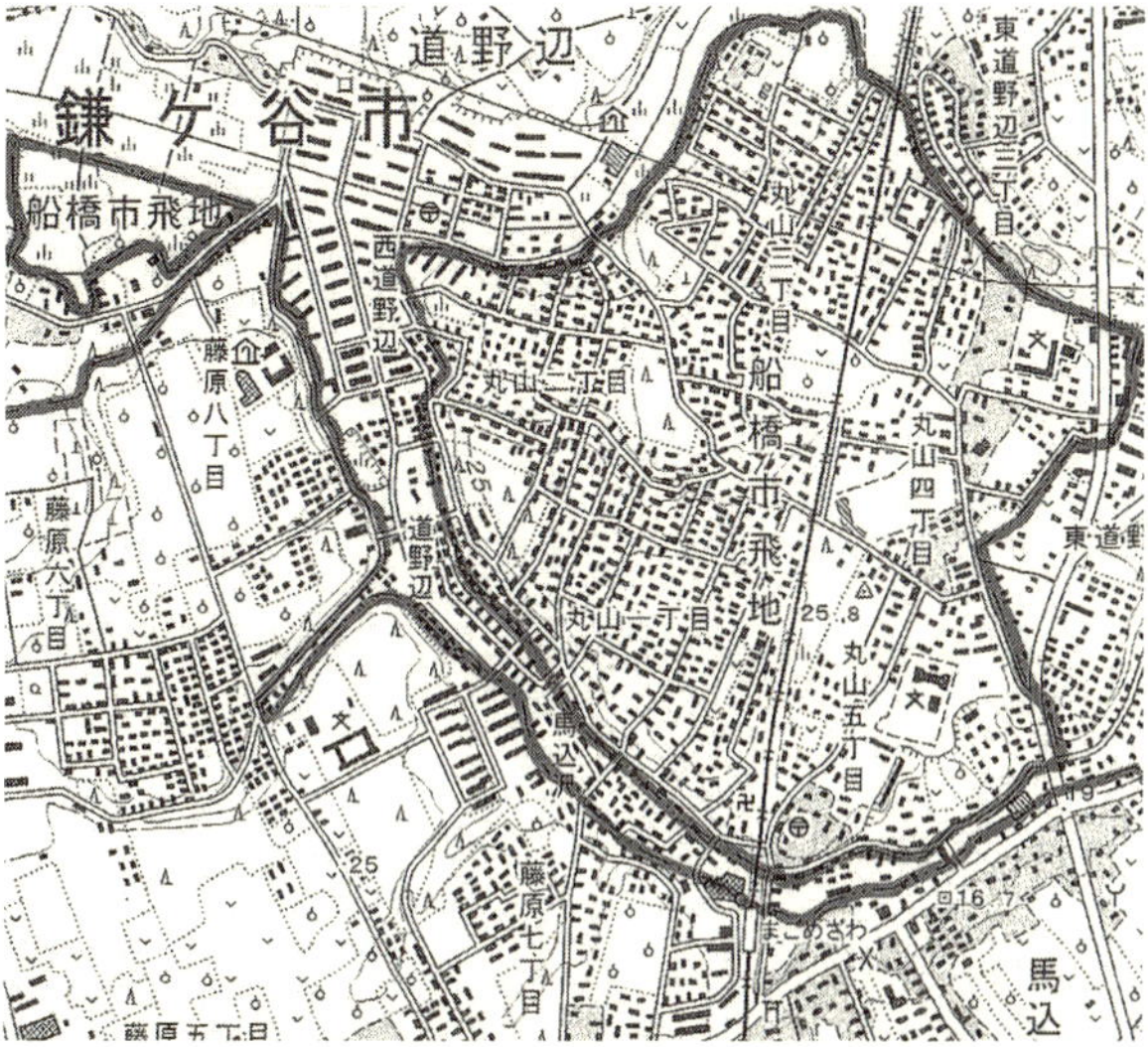

鎌ケ谷市の中にある船橋市の飛地・丸山。1：25,000 地形図「船橋」平成 19 年更新。＊市の境界を太線で補った

に新たに村を開くことは全国各地で行われ、いろいろな都合によってしばしば境界が錯雑することは多い。各地の飛地を観察してみると、小規模な飛地が多い地域は大きな河川の氾濫原や、近世まで開発の手が及ばなかった台地上に目立つ。

　完全に他の自治体の中に抱えられた「飛地」ではないものの、事実上の飛地がしばしば見られるのが川沿いである。河川改修工事で河道が変更されたにもかかわらず境界が昔のままである場合だ。常《じょう》磐《ばん》線の利根川橋梁《きょうりょう》の右岸東側にある茨城県取手市の小堀《おおほり》地区（大字小堀、大字取手字西野）は利根川とその旧河道である古利根沼に挟まれたところで、周囲は千葉県我孫子市だ。かつての利根川はこの沼を通って蛇行していたため取手の側の左岸にあったのだが、明治末からの改修工事で現在の河道に変わったため右岸に転じた。取手市街へ陸路で行くには一旦我孫子市側に出て大利根橋を渡る必要があるが、小堀地区から取手市街への近道として今どき珍しい市営の渡船が運航されている。もともと陸続きであったため、補償の意味合いで住民は無料で利用できるという（一般は片道一〇〇円）。小堀を「おおほり」と読むのは珍しいが、堤防が決壊してできた沼池を「オッポリ」と呼んだのが由来という説もあり、飛地を運命づけられたような地名かもしれない。

◆郡はどこへ行く

「平成の大合併」で市の数は大幅に増え、町村数は激減した。町村が市制施行すれば、そのエリアは郡の範囲から除外されるため、郡内の町村がすべて市制施行してしまえばその郡は自然消滅する。昨今の合併はかなり広域で行われるので、農村部や深山幽谷《しんざんゆうこく》が市域であることも珍しくない。このため最近では郡の数が激減し、県内に一、二郡しかない例もある。もはや滅び行くのみ、といった印象の郡であるが、そもそも郡はどのように成立したのだろうか。

日本が中国（唐）に倣って郡制を導入したのは七世紀の古代律令制である。国の下の行政区画として位置づけ、当初は「評《こおり》」と称した。しかしその後は律令制が緩んで郡は単なる地理的区画に過ぎない状態が長く続く。それでも江戸時代に入ると地域によっては郡代や郡奉行、大庄屋などが置かれて村の上部の行政組織として機能するものの、全国的に郡が本格的に「復活」したのは明治一一年（一八七八）の郡区町村編制法（太政官布告第一七号）においてである。この時に大きな郡については適宜分割された。

たとえば旧武蔵国に所属する多摩郡はこの年に東多摩・西多摩・南多摩・北多摩の四郡に分割されている。このうち東多摩郡のみが東京府、その他の三多摩は神奈川県に入った（明治二六年に東京府に編入）。明治二三年（一八九〇）には郡制が公布され、府県と町村の間の地方公共団体としての地位は明確になった。郡役所では内務省の若手キャリアが郡長をつとめ、議会である郡会が置かれ、郡立の中学校（旧制）なども設置されている。しかし当初からドイツの制度を直輸入した弊害もあってうまく機能せず、地方自治制度の合理化のため大正一二年（一九二三）に郡制は正式に廃止されてしまう。それ以来は地方公共団体としての実体を持たず、地理的区分呼称に過ぎない状態が現在まで続いている。

今や有名無実の郡ではあるが、古いものは古代からの歴史をもつ貴重なものだ。平安時代の辞書『和名類聚抄《わみょうるいじゅしょう》』には武蔵国に次の二一郡が掲載されている。すべて二字なのは養老令の定めた「好字二字」――国・郡・郷の名は良い字で二文字で表記するという決まりを守ったためだ。

久良《くらき》　都筑《つづき》　多磨　橘樹《たちばな》　荏原《えばら》　豊島　足立　新座《にいくら》　入間　高麗《こま》　比企《ひき》　横見《よこみ》　埼《さき》
玉　大里《おおさと》　男衾《おぶすま》　播羅《はら》　榛沢《はんざわ》　那珂　児玉　賀美《かみ》　秩父

その後は中世の一時期に多磨郡が多東《たとう》郡・多西《たさい》郡に分かれ、また江戸初期に葛飾郡の南西部が武蔵国に編入されて隅田川の東側が同国内となるなど、いくつかの変遷を経た。

明治に入って郡区町村編制法ができると前述のように多摩郡（古代は多磨郡）が四分割されるなど広域の郡は適宜分割され、また市制町村制の後の明治二六年（一八九三）には三多摩が東京府に編入されたことにより、旧武蔵国は次のような管轄になった。

神奈川県は久良岐《くらき》（当初は久良。一五世紀から三文字表記）・都筑・橘樹の三郡、東京府は荏原・北豊島・南豊島・南足立・南葛飾・東多摩・西多摩・南多摩・北多摩の九郡、埼玉県は北足立・北葛飾・新座・入間・高麗・比企・横見・北埼玉《さいたま》・南埼玉・大里・男衾・幡羅（文字・読みとも変化）・榛沢・那珂・児玉・賀美・秩父の一七郡、合計二九郡である。

これが明治二九年（一八九六）に行われた全国的な郡の統廃合で、東京府では南豊島郡と東多摩郡が合併して豊多摩郡になって計八郡、埼玉県では大里・男衾・幡羅《はら》・榛沢の四郡が大里郡、那珂・児玉・賀美の三郡が児玉郡、北足立・新座の二郡が北足立郡に、入間・高麗・比企・横見の四郡が入間・比企の二郡に大々的に再編された結果、埼玉県内の郡数は九郡と激減した。神奈川県（旧相模国を除く）の郡数は不変なので、旧武蔵国の郡数は計二〇郡に統合されたことになる。同国内では小郡が大郡に編入される形が大半を占めたが、全国的に見ると郡名が合成された地域も多く、たとえば香川県などでは次のような大幅な郡名の変更が起こった。

大内《おおち》郡＋寒川《さんがわ》郡＝大川郡
三木郡＋山田郡＝木田《きた》郡
阿野《あや》郡＋宇多《うた》郡＝綾歌《あやうた》郡
那珂郡＋多度郡＝仲多度《なかたど》郡
三野《みの》郡＋豊田《とよだ》郡＝三豊《みとよ》郡

これだけ旧郡名は消えてしまったことになるが、旧宇多郡の港である宇多津町、多度郡の港の多度津町が今も自治体名として残っているのは貴重だ。郡の

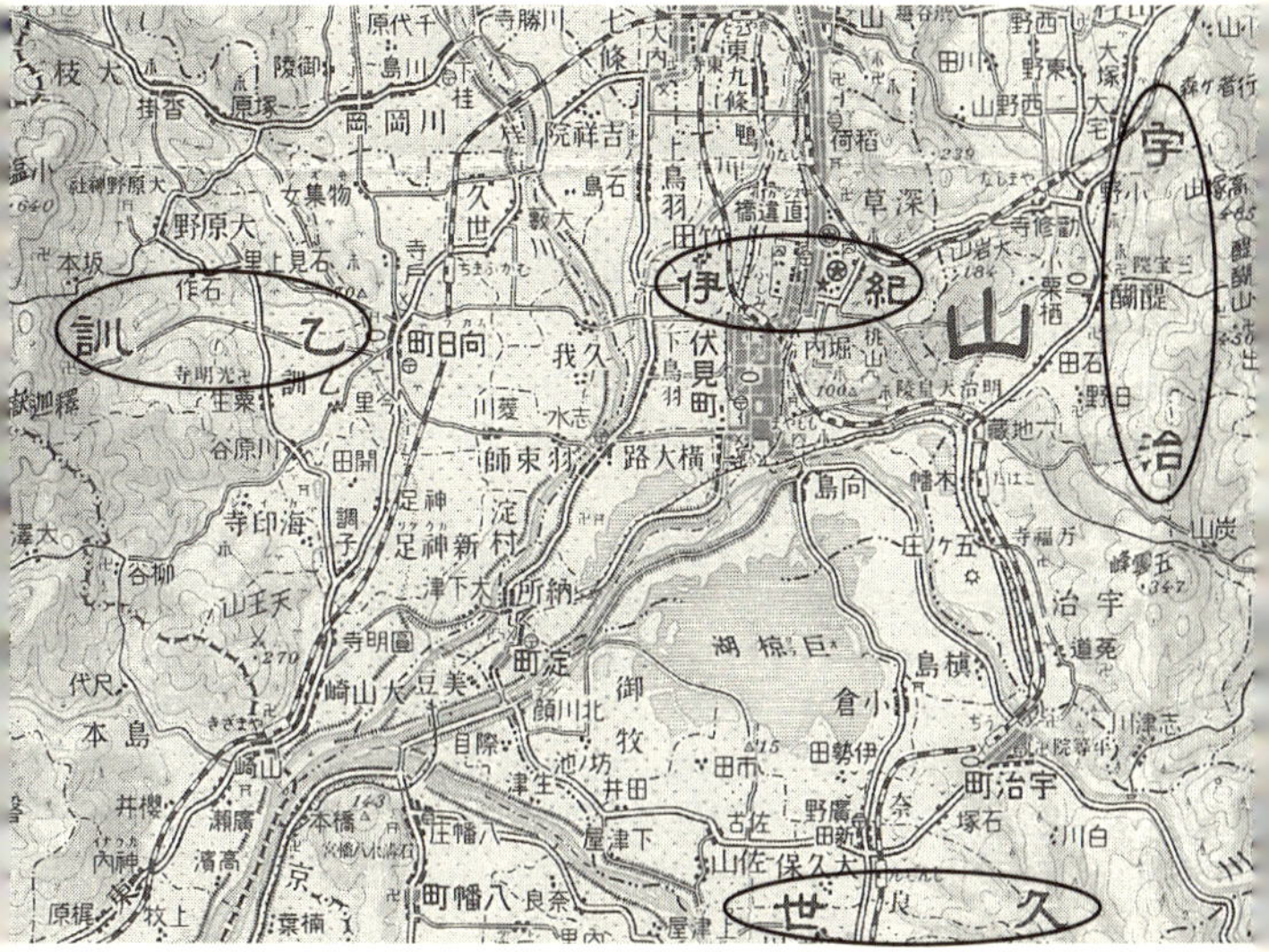

大正期の京都付近。隷書体で記された乙訓、久世、紀伊、宇治、滋賀の郡名のうち後三者はすべて市域となり現存しない。1：200,000 万帝国図「京都及大阪」大正 8 年製版

統廃合はもともと郡の面積が狭かった西日本を中心に大きく進められ、大阪府東部の旧河内国など一六郡もあったが、明治二九年（一八九六）に次のようにわずか三郡にまとめられてしまった。

茨田《まつた》郡＋交野《かたの》郡＋讃良《ささら》郡＝北河内郡

若江郡＋渋川郡＋河内郡＋高安郡＋大県《おおがた》郡＋丹北《たんぼく》郡＋志紀郡の一部＝中河内郡

石川郡＋錦部《にしごり》郡＋八《や》上《かみ》郡＋古

市郡＋安宿部《あすかべ》郡＋丹南《たんなん》郡＋志紀郡の一部＝南河内郡

また大きな島ひとつで「一国」を成していた佐渡や隠岐《おき》にも郡は複数存在したが、こちらも後に一郡にまとめられている。佐渡島は加茂・雑太《さわた》・羽茂《はもち》の三郡が佐渡郡となり、隠岐も島前《どうぜん》に知夫《ちぶ》と海士《あま》、島後《どうご》に穏地《おち》と周吉《すき》のそれぞれ二郡、合計四郡あったのが、こちらは遅く昭和四四年（一九六九）に隠岐郡となった。

平成の大合併ではかつての郡のエリアを上回る面積をもつ市や町が次々と出現しているが、これらの島でも三郡あった佐渡郡は一〇市町村が合併して佐渡市となり、隠岐の島後でも四町村が合併して隠岐の島町が誕生した。

かつては郡の中で中心的な都市がぽつんと市になったものであるが、今は郡の全エリアと同等あるいはそれ以上の広さの市が次々と誕生している。岐阜県郡上《ぐじょう》市のように、郡上郡の領域がそのまま市になった事例もあり、これは歴史的郡名の保存という点では喜ばしいことだ。

◆神社仏閣の地名

昭文社の「MAPPLE観光ガイド」によれば、初詣の参拝者数ランキング（平成二六年・三が日合計）は第一位が東京の明治神宮（三一六万人）、第二位が神奈川県の川崎大師（三〇二万人）、第三位が千葉県の成田山新勝寺（三〇〇万人）、以下、浅草寺《せんそうじ》、神奈川県の鎌倉鶴岡《つるがおか》八幡宮、大阪の住吉大社、名古屋の熱田《あつた》神宮、さいたま市大宮区の氷川神社、福岡県の太宰府天満宮、神戸の生田《いくた》神社という錚々《そうそう》たる寺社がベスト一〇に並んでいる。いずれも大きな境内を持つ神社仏閣であるが、それだけに地元に及ぼす影響も大きく、寺社の名称や通称などをそのまま地名として用いるケースが珍しくない。

さて、第一位の明治神宮は祭神が明治天皇なので大正期の造立と新しく、それでも豊多摩郡渋谷町が東京市に編入される四年前にあたる昭和三年（一九二八）には早くも大字上渋谷字大原の一部が神園《かみぞの》町と名付けられて新しい町域が誕生した。昭和一三年（一九三八）発行の『東京市町名沿革史』（東京市企画局都市計画課編）にも「明治神宮に連るを以て名とす」と明記してある。その大きな神宮から大山街道に延びるまっすぐなケヤキ並木の参道が有名な表参道であるが、その沿道の住所であった穏田《おんでん》と原宿の町名は、昭和四〇年代の住居表示の実施で消滅してしまった（原宿の駅名は残った）。その代わりに出現したのが、だいぶ広大なエリアを全部まとめた「神宮前」という町名である。

第二位の川崎大師はさすがに歴史が古く、武蔵国の大師河原《がわら》村は戦国時代から文書に残っている。明治町村制の施行では神奈川県橘樹《たちばな》郡の大師河原村となり、その後は大正一二年（一九二三）に町制施行して大師町、翌一三年に川崎市に編入されてからは同市内の大師町、大師本町、大師駅前（いずれも川崎区）などの町名として現役だ。関東地方で初めて走った営業用の電車も、この大師から川崎駅近くまでの間に敷かれた大師電気鉄道（現京浜急行電鉄）である。

さて、中京地区第一位の熱田神宮であるが、所在地は名古屋市熱田区神宮一丁目。しかし、これは昭和五六年（一九八一）からの新しいもので、元は新宮坂町など数か町が合併してできた。もともと熱田神宮という社名は明治に入ってから定められたもので、以前は熱田社、熱田神社、熱田皇太大神宮、熱田大宮などさまざまに呼ばれていた。その神宮の南側にあった宿場町が東海道五十三次の宮宿《みやのしゅく》（現在の熱田区伝馬《てんま》）で、この宮はもちろん熱田神宮を指す。

九州最大の参拝者を誇る福岡県の太宰府天満宮は、その名も太宰府市と市名になっている。もともと太宰府とは古代律令制における九州の中心政庁のことであるが、律令制の衰退とともに天満宮の門前町という側面が大きくなった。自治体名としては明治町村制から太宰府村と称し、その後は周辺町村を合併しても当然ながら太宰府の名は残り、福岡大都市圏の住宅地としての人口増加で昭和五七年（一九八二）からは太宰府市となっている（天満宮の所在地は太宰府市宰府《さいふ》）。

「こんぴらさん」こと香川県の金刀比羅宮《ことひらぐう》も、所在地の自治体名は同宮の異表記を用いた琴平《ことひら》町である。当初は金毘羅《こんぴら》村であったが、明治六年（一八七三）に琴平村と改称した（明治二三年から琴平町）。平成の大合併では広域合併が大々的に行われた四国であったが、琴平町は合併せず、周囲よりひときわ小さな町域を今も維持している。

同じ平成の大合併で消えたのが出雲大社の島根県簸川《ひかわ》郡大社《たいしゃ》町であった。もとは杵築《きづき》町と称したが、出雲大社で知られていることから、大正一四年（一九二五）に杵築町と隣接する杵築村が合併して大社町が誕生した。杵築というのは、『出雲国風土記』に「所造天下大神《あめのしたつくらししのおおかみ》の宮奉らんとして諸《もろもろ》の皇神等《すめがみたち》宮処《みやど》に参り集いて杵築《きづ》きたまいき」と記

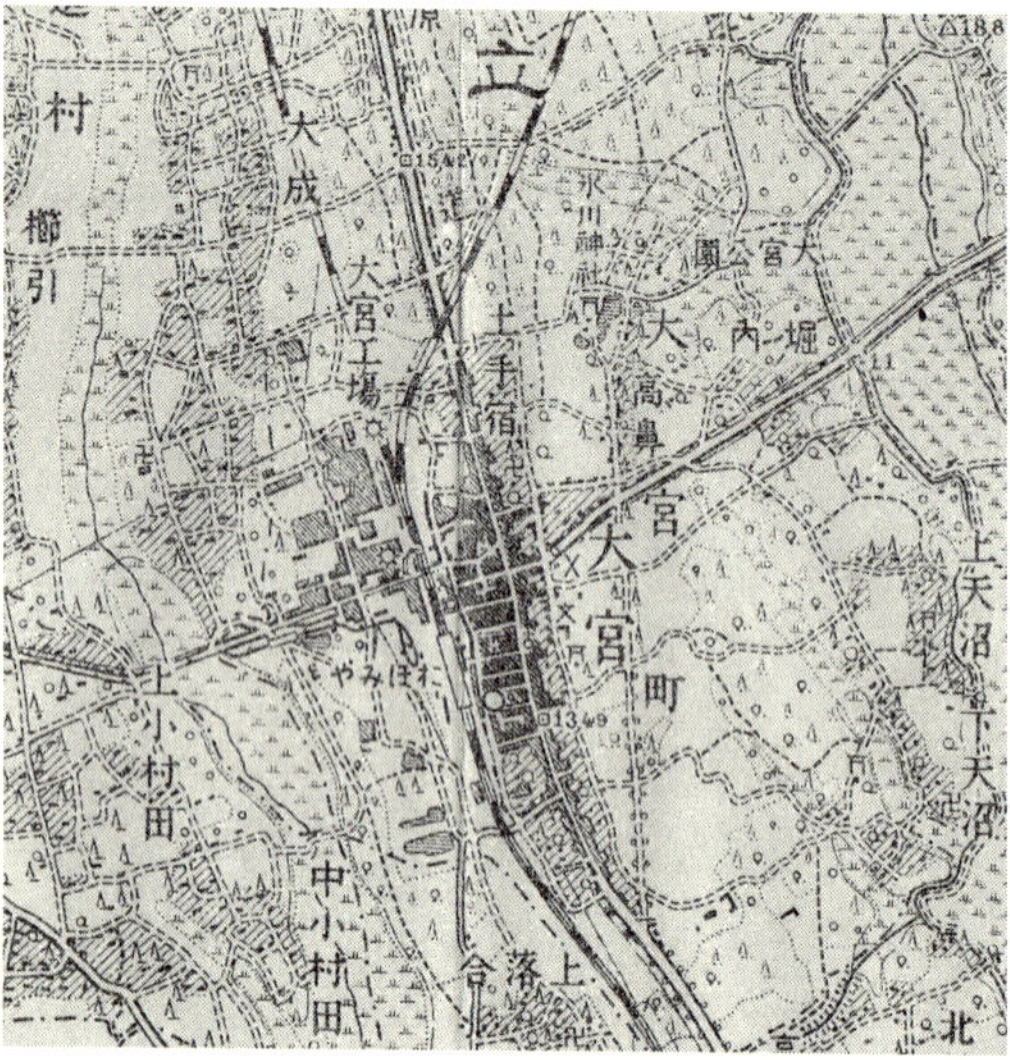

氷川神社の門前町としての色彩が濃かった頃の大宮町（現さいたま市大宮区）。1：50,000 地形図「大宮」明治 39 年測図

された由緒ある地名で、今では出雲市内であるが、大社の名は「出雲市大社杵築東」などの住所の表記に残っている。

　ランキング八位に入っているのが、さいたま市大宮区高鼻《たかはな》町にある氷川神社。「武蔵国一ノ宮」として知られる由緒ある神社で、大宮という地名もこの神社を指す。かつては中山道に面した氷川神社の門前町といった趣であったが、明治一八年（一八八五）という早い時期に東北本線と高崎線の分岐点になったことにより交通の要衝として発展、市街地は大きく広がった。これに影響を

受けたのが同じ県内の秩父郡大宮町で、もともと秩父神社の門前町であることから、同

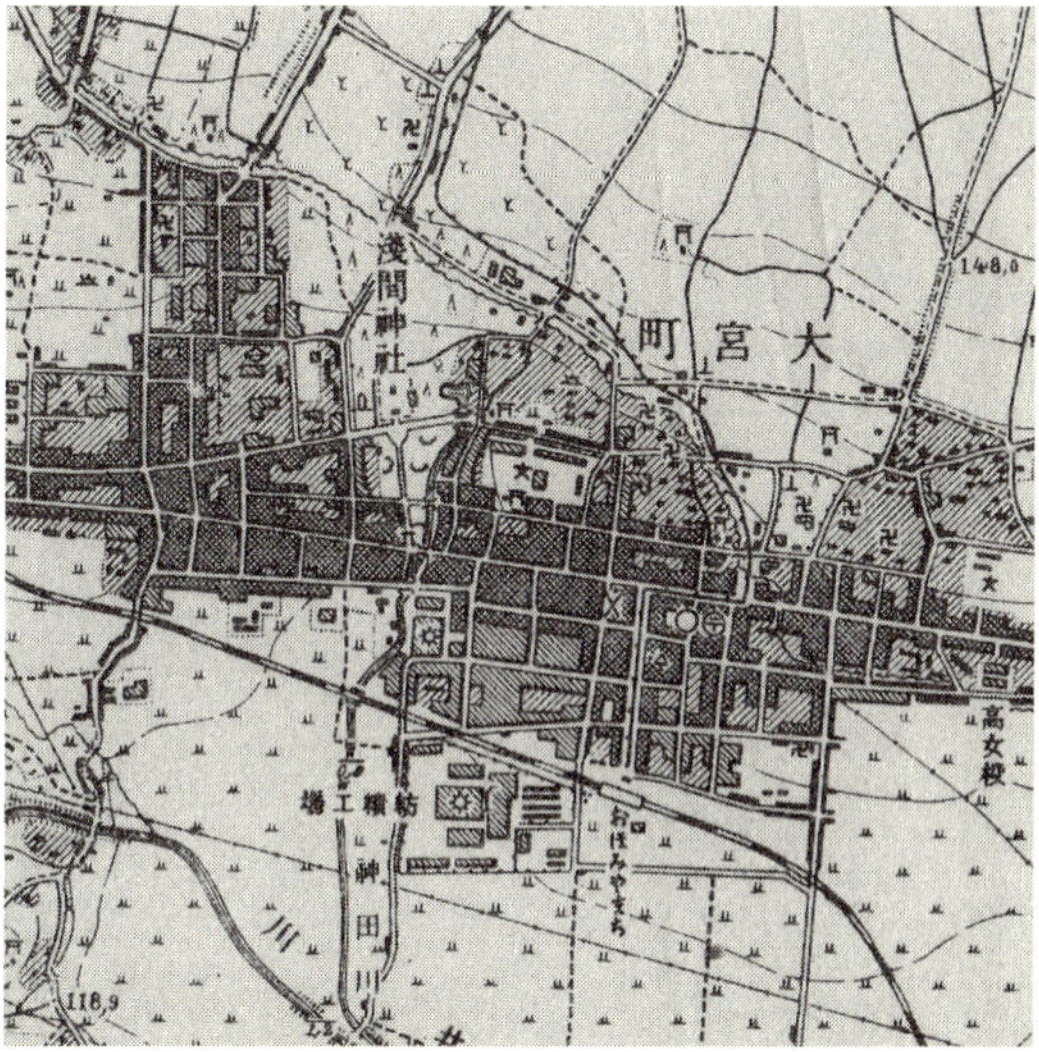

富士山本宮浅間大社の門前町・大宮は現在の富士宮市。かつては駅名も大宮町だった。1：25,000 地形図「駿河大宮」昭和3年要部修正

様に大宮と称していたが、北足立郡の大宮町（現さいたま市）と紛らわしいので、大正五年（一九一六）から秩父町と改称した。

大宮は全国的にみて多い地名なので、市制施行があると他県にも影響する。市名は重複させない行政指導が長らく行われていたので、静岡県富士郡大宮町は昭和一七年（一九四二）に市制施行する際に大宮市とせずに富士宮《ふじのみや》市と命名された。こちら

もやはり駿河国の一ノ宮にあたる富士山本宮浅間《ほんぐうせんげん》大社の門前町である。ちなみに身延《みのぶ》線の駅名も市制施行に伴って大宮町《まち》駅から富士宮駅と改められた。平成一三年（二〇〇一）に大宮市は合併でさいたま市となって消滅したが、それでも同一六年に市制施行した茨城県大宮町は埼玉県の大きな「先人」に遠慮してか、常陸《ひたち》大宮市を名乗っている。

◆今はなき市あれこれ

東葛《とうかつ》市という市をご存知だろうか。東葛といえば、今は千葉県立東葛飾高校（柏市）の略称を思い浮かべる人も多いかもしれないが、もとは東葛飾郡の略称として広範囲で使われてきた。しかしそれが正式な市名であったことを知る人は少数派かもしれない。なぜならこの市はわずか二か月半しか存在しなかったからだ。この薄命の市は昭和二九年（一九五四）九月一日、東葛飾郡の柏町・小金町・土村・田中村の四町村が合併して誕生している。

昭和二九年といえば「町村合併促進法」が施行された翌年で、全国的に多くの町村合併が行われていた。いわゆる「昭和の大合併」の時期にあたる。法の施行時に全国に九八六八もあった市町村数は、この大合併を経て法律が失効する昭和三一年（一九五六）には三九六八（同年一二月末）と約六割減になっているから、この間の自治体の動きは慌ただしい。どの市町村の組み合わせがいいのか、周辺自治体の財政状況や相性などを見定めての「縁組み」が全国で多数行われた。

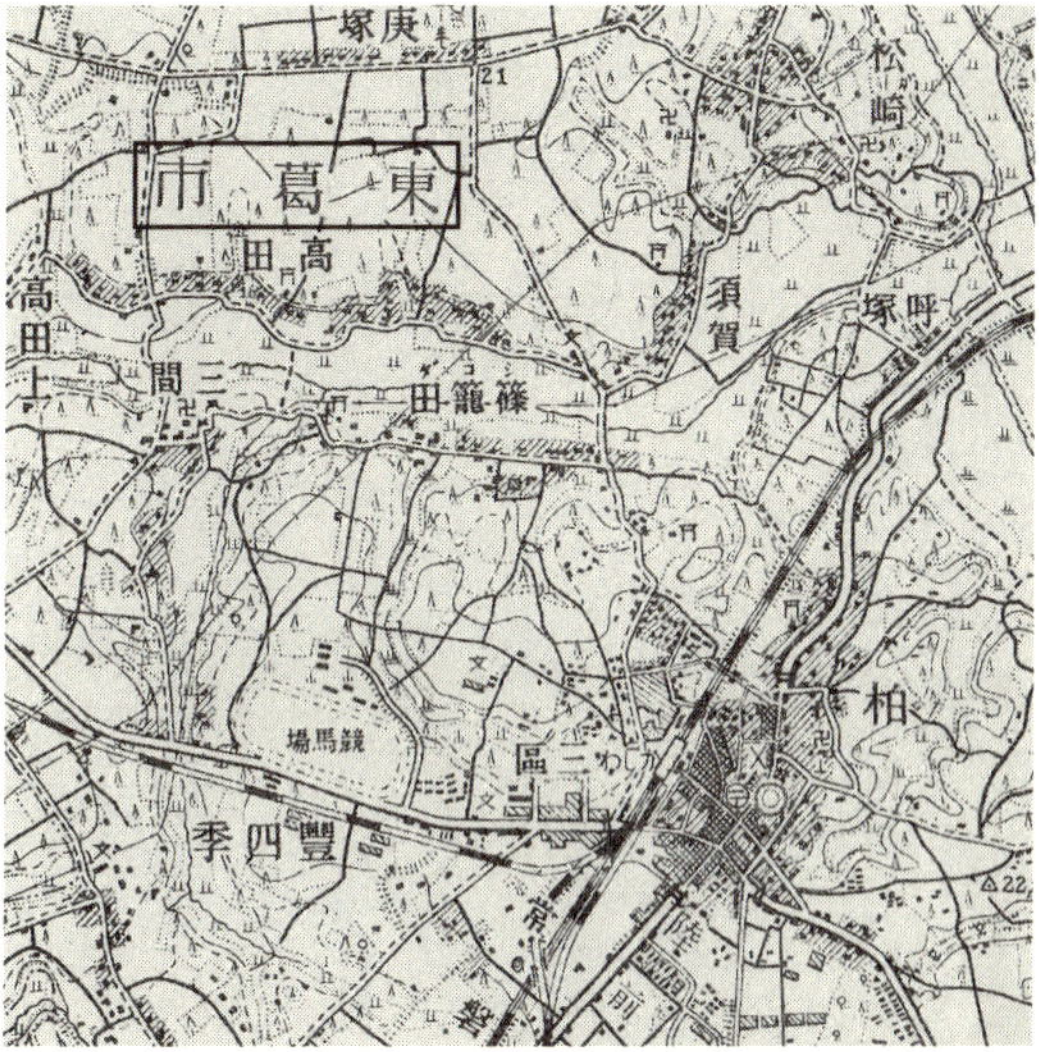

わずか2か月半しか存在しなかった東葛市がたまたま掲載された地形図。1：50,000「野田」昭和27年応急修正（同29年発行）

ここ東葛飾郡中央部では、松戸市と柏町がその中間に位置する小金町の「争奪戦」を行い、結局小金町は柏町と一緒になることが決まった。柏町は合併四町村の中で最大の人口を擁《よう》していたが、小金に敬意を表して「東葛」と名乗ることになったらしい。しかしこの合併には少々無理な政治力が働いていたそうで、東葛市となった旧小金町の大半の部分が、市制施行からわずか一か月半後の一〇月一五日に松戸市へ「移籍」してしまったのだ。こうなるともはや「東葛」を名乗る義理はなくなり、その翌月の一一月一五日には「柏市」と名称変更したのである。

青森県の大湊田名部《おおみなとたなぶ》市も、東葛市ほどではないが短命であった。昭和三四年（一九五九）九月一日に大湊町と田名部町が合併して誕生した市であるが、翌三五年の八月一日に現在の「むつ市」に改称したため一一か月で消滅している。ここも東葛市と同様に町村合併促進法を受け、軍港として発展した大湊町と南部藩の代官所が置かれた田名部町が合併することとなった。

昭和二九年（一九五四）には合併促進協議会が組織されたのだが、市役所の位置などの問題で両町が対立して雲行きが怪しくなる。その後は某町長が「雲隠れ事件」を起こすなど紛糾は深まり、決まりかけていた「下北市」の案も撤回され、ついに両町名を併記した「大湊田名部市」が暫定的に命名されたので、短命は当初から運命づけられていたのである。現在では珍しくなった「ひらがな市名」だが、むつ市はその最初の事例であった。

合併によって旧来の市名が失われる事例は平成の大合併でだいぶ目立つようになったが、そのような動きはすでに昭和三〇年代後半から各地で進み始めた広域合併で徐々に始まっている。たとえば九州で初めて政令指定都市となった北九州市。昭和三八年（一九六三）二月一〇日に門司《もじ》市、小倉市、八幡《やはた》市、戸畑市、若松市が合併したものだが、こちらの場合は旧市名がそのまま区名に継承されたので「消滅」という印象ではない（昭和四九年に小倉区は小倉北区・小倉南区、八幡区は八幡東区・八幡西区に分区）。

この旧五市のうち八幡市は当時の製鉄会社名（後に富士製鉄と合併して新日本製鐵《せいてつ》、現在は新日鐵住金）としても知名度が高く、人口も合併前最後の国勢調査が行われた昭和三五年（一九六〇）には三三・二万人と全国一七位、当時の新潟市や静岡市をも凌《しの》いでいた（市域が異なるので単純比較はできないが）。戦前にはさらにランクが上で、昭和一五年（一九四〇）など全国第一〇位である。この市があったため、昭和二九年（一九五四）に市制施行した滋賀県蒲生《がもう》郡八幡《はちまん》町は同名を避けるため国名を付けて「近江《おうみ》八幡市」となっている。なお京都府の八幡《やわた》市は北九州市が誕生した後の昭和五二年（一九七七）の市制施行なので問題はなかったようだ。

少し時代が下って合併した新潟県の上越《じょうえつ》市は、城下町の高田市と港町の直江津《なおえつ》市の合併である。昭和四六年（一九七一）のことで、東西に長い越後国を上中下に分けたうち上方に近いことから西側が上越と呼ばれ、これが市名になった。ちなみに市内の住所から直江津・高田のどちらの旧市街地に属するのか判断するのは難しい。たとえば上越市本町《ほんちょう》が旧高田市の城下町であるのに対して、上越市中央は旧直江津市である。

上越といえば東京あたりの人は上州（群馬県）と越後を結ぶ意味の上越線や上越新幹線のイメージが強く、同じ新潟県内を走っていることから誤解も生じやすい。さらに平成二七年（二〇一五）三月には北陸新幹線が開業したが、新駅は「上越妙高」。ほど近い妙高市にも配慮した結果のようだが、いずれにせよ上越妙高へ行くのに上越新幹線に乗ってはいけない、というところが新たに混乱を呼ばないといいのだが。

むつ市に続くひらがな市の二番目が、福島県いわき市である。こちらは「新産業都市建設促進法」に従って昭和四一年（一九六六）一〇月一日に平市、内郷市、常磐《じょうばん》市、磐《いわ》城《き》市、勿《な》来《こそ》市の五市に四町五村を合わせた計一四市町村が合併、当時は日本で最も面積の広い市となった。これだけの広域であるから市名に旧国名（明治以降の磐城国）が選ばれたのは順当だろうが、小名浜を中心とする磐城市と同じ表記になってしまうと、そこに周囲の一三市町村が編入されたかのような印象を持たれかねない。おそらくそんな配慮からひらがなの「いわき市」が生まれたようだ。

　以後、平成の大合併では同様なケースの茨城県かすみがうら市、三重県いなべ市、兵庫県た

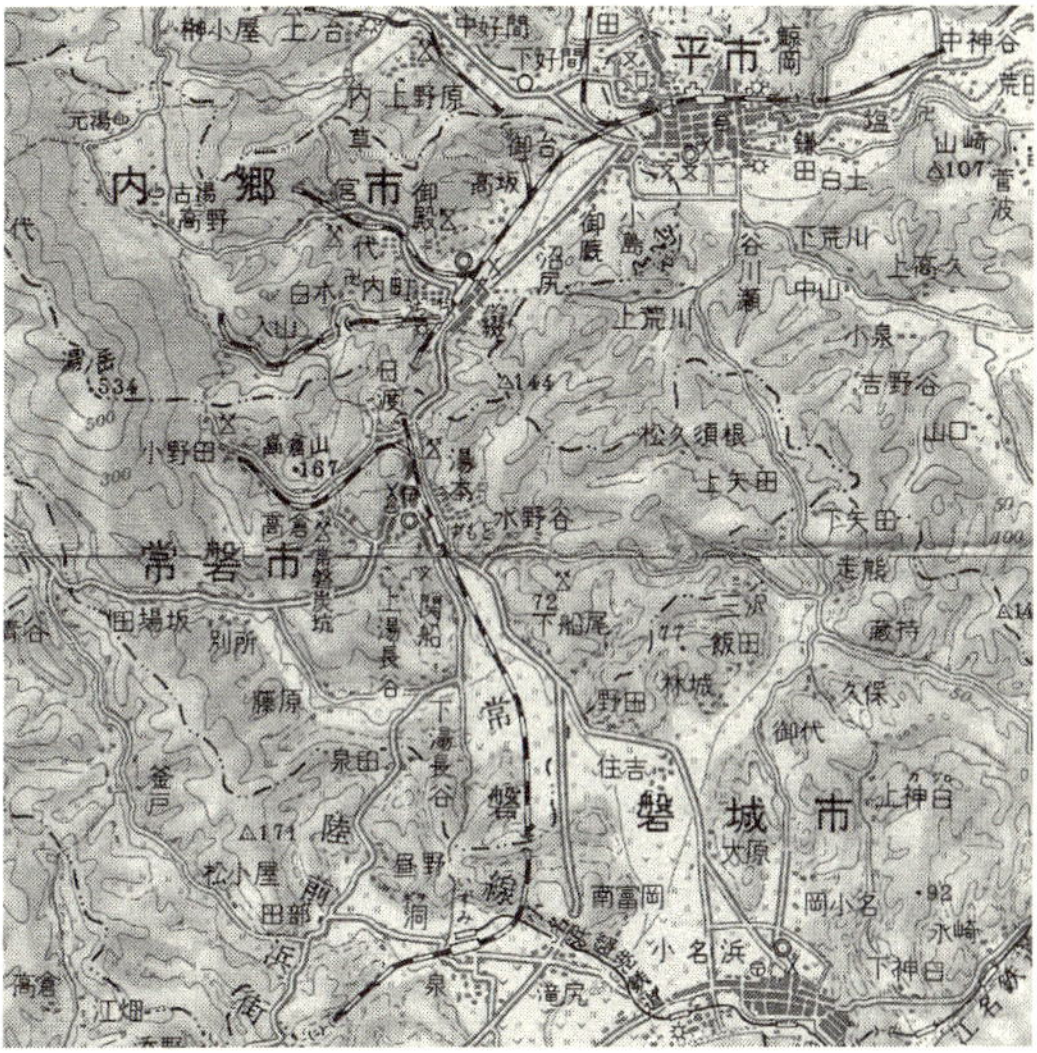

いわき市誕生前、平・内郷・常磐・磐城・勿来（範囲外）の5市が密集していた時代。1：200,000 地勢図「白河」昭和 31 年編集

つの市などが続々と誕生している。本当にそれでよかったのだろうか。

第五章　生活の地名――地名のある暮らし

◆職業にまつわる地名

「御江戸を発って二十里上方、相州《そうしゅう》小田原一色《いっしき》町をお過ぎなされて、青物町を登りへおいでなさるれば……」というくだりをご存知だろうか。そのずっと後に有名な「武具、馬具、ぶぐ、ばぐ、三ぶぐばぐ」が来る。劇団員やアナウンサーなどが、滑舌を良くするために昔から必須だった「外郎《ういろう》売り」の口上である。

ここに出てくる小田原の青物町は残念ながら明治八年（一八七五）に万年町の一部となって消滅したのだが、その後も通称としては存続しており、今も本町と浜町の境にある青物町交差点にその名を留めている。この町は小田原城下の町人が住む「脇町十町」のひとつで、『新編相模国風土記稿』によれば、文字通り野菜市が立ったことに由来するという。京浜急行の青物横丁という駅も、これは通称地名だが、やはり品川宿にあった野菜市場にちなむものだ。

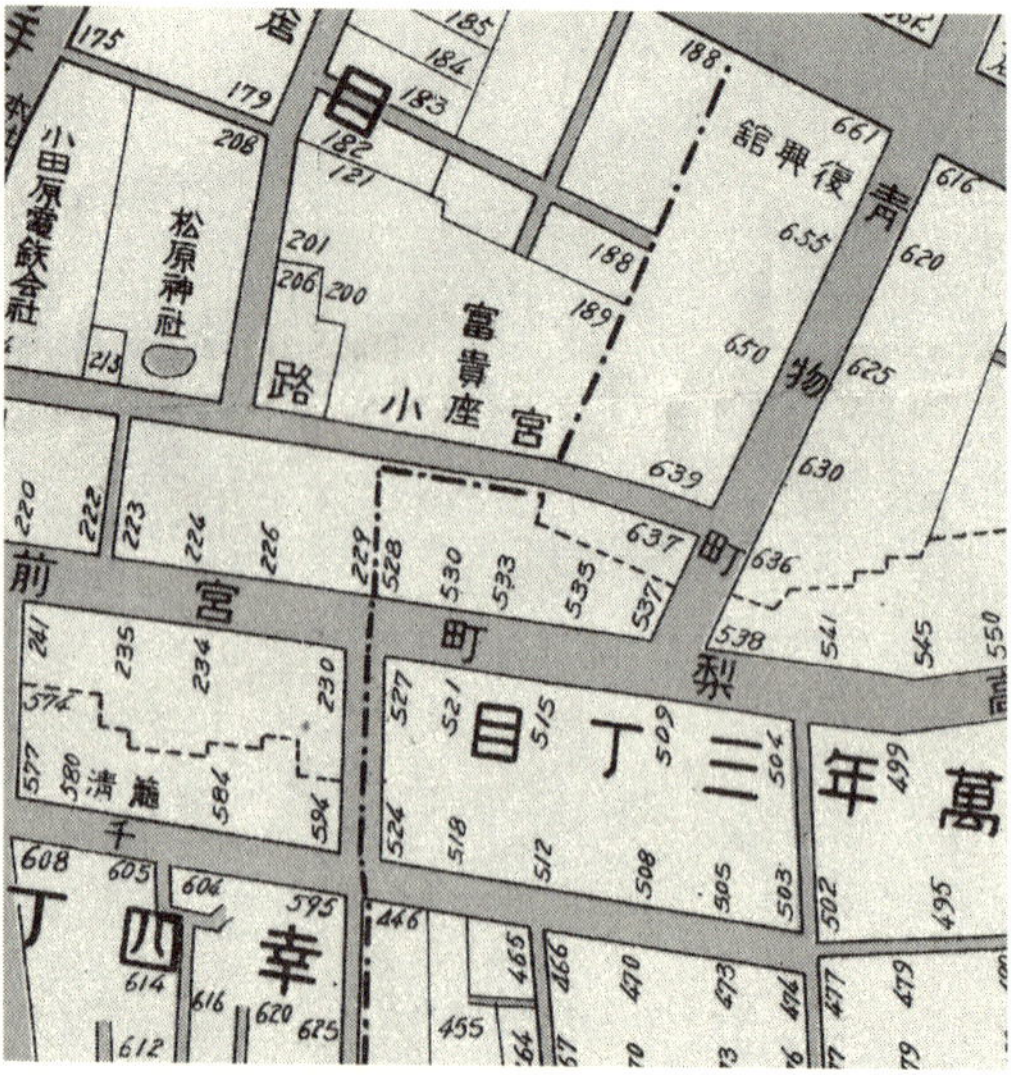

野菜市場に由来する青物町が通称地名として記されている地図。矢部製図社「小田原町詳細図」昭和２年（1927）発行

小田原の脇町十町の中には大工町もあったというが、このように職業や店などにちなむ町名は、全国の特に城下町に非常に多かった。城下町を作る際に同業者たちを集住させたからである。残念ながら昭和四〇年（一九六五）頃からは「住居表示法」が全国の職業地名を次々と襲い、無数にこれらを駆逐してしまったのであるが、それでも生き残っている地名はまだまだ多い。

「神田鍛冶《かじ》町、角の乾物屋でカチグリ買ったら硬くて噛めない……」という早口言葉で知られる東京都千代田区の鍛冶町もそうだ。ＪＲ神田駅のあるこの町は、慶長八年（一六〇三）に幕府の鍛冶方棟梁・高井伊織の拝領地にちなんで名付けられたものだという。すぐ東隣には神田紺屋《こうや》町・神田東紺屋町があって、こちらは藍染め職人が集まっていた。大正時代までは実際に紺屋さんが多く住んでいたというが、関東大震災を機に神田川を遡った高田馬場や落合あたりへ移っていく。布地の染め上がりの状態は水質によって異なるというから、下流部の都市化に伴う水質悪化が背景にあったのだろう。

神田紺屋町の南側には神田北乗物町がある。江戸時代には元乗物町と称したが、江戸の乗物といえば駕籠《かご》で、それを作る職人が集まっていた町だ。明治二年（一八六九）には北乗物町と南乗物町に分かれたが、南乗物町は震災復興事業の町名地番整理によって昭和八年（一九三三）に鍛冶町に統合されて消滅している。いずれにせよ文明開化後は駕籠に乗る人も減って作る物を変えたようで、明治三〇年代には北乗物町に「東京簞笥《たんす》職人組合事務所」が置かれていたという。なるほど簞笥なら駕籠で培った技術が応用できそうだ。

簞笥といえば新宿区には江戸時代からの簞笥町が今も残っているが、簞笥といっても現在のような衣類収納用の家具ではなくて、武器の箪笥である。これをつかさどった具足を扱う奉行の拝領屋敷にちなむ地名である。江戸期には牛込御《お》箪笥町と称したが、明治に入ってから「御」の字を外されてしまった。なるほど新政府が旧幕府にちなむ地名に敬称を付ける義理はない。台東区根岸にあった下谷《したや》御箪笥町（現根岸三丁目）も御鉄砲箪笥奉行の組同心の役宅があったことにちなむというが、やはり明治に入って箪笥町になった。

小石川の伝通院《でんづういん》御掃除町も明治に入って掃除町に改められている。徳川家の菩提寺だった伝通寺の「御掃除方」一六人が住んでいたそうだが、こちらは掃除の語感が嫌われたのか、大正一四年（一九二五）には早くも八千代町と改称されている（現在は小石川一・三丁目の一部）。

津軽藩の城下町である青森県弘前市《ひろさき》には職人地名が現在も多く残っている。このうち桶《おけ》屋町は延宝六年（一六七八）には実際に桶屋が二四軒も集まっていたことが記録されているし、他にも銅屋町や紙漉《かみすき》町、鍛冶町、元大工町、鷹匠《たかじょう》町などがあり、他にも今はあまりお目にかかれない、刀などの鞘《さや》を作る職人にちなむ上・下鞘師《さやし》町、それに神官の住む禰宜《ねぎ》町という珍しい町も残っている。

各地の城下町などの町名リストを眺めていると、なかなか地方色の豊かな職業地名も発見できる。たとえば梵鐘《ぼんしょう》や銅像、仏壇などに関わる金属加工業で知られる富山県高岡市には、中心部に金屋《かなや》町があって今も銅器店や鋳造《ちゅうぞう》所が目立つし、同じ町内に高岡市鋳物資料館もある。また京都市の西本願寺の門前には珠数《じゅず》屋《や》町と仏具屋町が隣り合っており、数珠（町名は字が逆）や仏具を今も買うことができる。同じ京都市内には骨屋町（骨屋之町）が四か所もあって驚かされるが、骨といっても人間の骨ではなくて、扇子の骨を作る職人町だ。今では扇子の骨産業の中心は隣の滋賀県高島市の安曇川《あどがわ》地区に移っていて、ここでは国産の九割を生産している。

東京駅の八重洲《やえす》口あたりにも、かつては職人町がひしめいていた。呉服橋交差点から南へ向かえば、元大工町、檜物《ひもの》町、上槇《かみまき》町、北槇町、南槇町（材木屋に由来）、桶町、南大工町、南鍛冶町、北紺屋町、南紺屋町などが並び、現在の中央通りの東側には金銀箔を扱う職人にちなむ箔屋町、大きな鋸《のこぎり》による製材業者が住んだ大鋸《おが》町、刀の鞘《さや》作りの南鞘町などがズラリと並び、巨大消費都市・江戸の暮らしを支えていた。こちらも震災復

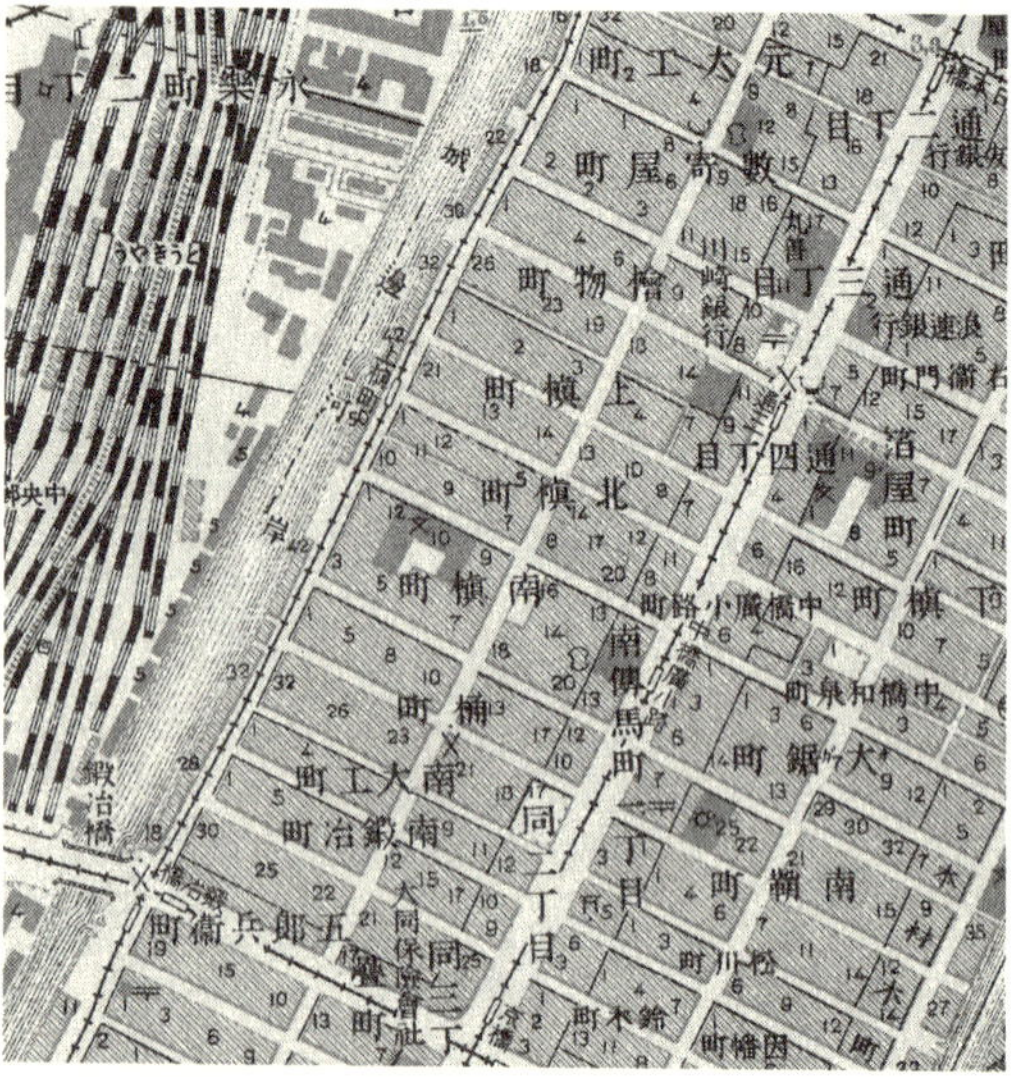

東京の八重洲はかつて職人地名の宝庫であった。1：10,000 地形図「日本橋」大正10年（1921）修正

興事業に伴う町名地番整理で、昭和初期にすべて消滅。まことに残念である。

◆新田という地名

東京府北多摩郡小平《こだいら》村大字野《の》中新田与《なかしんでんよ》右衛《え》門組《もんぐみ》。西武新宿線花小《はなこ》金井《がねい》駅の設置時の所在地である。現在では小平市花小金井一丁目と称しているが、この町名は第二章でも述べたように市制施行の昭和三七年（一九六二）を機に駅名にならって命名された新しいものだ。

与右衛門新田だけでなく、かつての武蔵野台地には新田と名のつく地名が非常に多かった。それらの多くが徳川吉宗による享保の改革で新田開発が奨励された時のもので、野中新田与右衛門組もそのひとつ。もともと野中新田は江戸の穀物商・野中屋善左衛門《ぜんざえもん》の出資で享保九年（一七二四）に幕府の開発許可を得た。規模が大きかったので同一七年にそれぞれの名主の名をとって野中新田善左衛門組、野中新田与右衛門組、野中新田六左衛門組という三つの新田に分割されたものである。

新田といっても武蔵野に開かれたのは畑であるが、同じ都内でも隅田川と江戸川の沿岸に開かれたのは主に水田であり、こちらも現在の江東区や足立区などには非常に多かった。その一部である旧南葛飾郡砂町《すなまち》には八右衛門新田、久左衛門新田、治兵衛《じへえ》新田、荻新田、又兵衛《べえ》新田など多くの新田地名があり、これが大正一〇年（一九二一）に一斉に「新田」を外され、その後、昭和七年（一九三二）に東京市が周辺八二町村を編入して大拡張、「大東京市」となった際、八右衛門→北砂町一丁目、久左衛門→北砂町二丁目、治兵衛→北砂町三丁目、荻・又兵衛→北砂町六丁目など大々的に変更されている（北砂町・南砂町は昭和四一〜四二年に行われた住居表示実施の際に北砂・南砂・東砂・新砂に分割再編成)。ちなみに砂町は大正一〇年(一九二一)まで砂村であった。もともと砂村新四郎が開発した砂村新田であるから、町制施行の際には「砂村町」とするのが筋で、そうであれば今ある南砂とか北砂も「南砂村」「北砂村」となっていたかもしれない。

それはともかく、「大東京市」編入時の地名の激変は、新市域の町名に関して定めた市の方針が反映されている。東京市が昭和九年(一九三四)に発行した『東京市域拡張史』の新町名設定の項を見ると、新町名は原則としては旧大字・小字の名称をそのまま用いるとしながらも、「町村の字名には冗長なるもの、旧套《きゅうとう》にして判読に苦しむもの、例へば東湿化味《しつけみ》、出子谷ツ(練馬町)西柿蓋耕地(江北村)不入斗《いりやまず》(入新井町《いりあらい》)等の如き、又農耕地を想起せしめるが如き時代後れの名称、例えば太郎兵衛耕地(砂町)弥五郎新田次郎左衛門新田(綾瀬村)長右衛門新田(東淵江村)等大都市に不適切なるものが多々あつたのであるが、此等のものは凡て整理され」るに至ったという。

これは行政の側からというよりはむしろ、サラリーマン階層が急増していた当時の東京市隣接町村の「市域に入ったからには、それなりの都市的町名がほしい。いかにも田舎っぽい町名は嫌だ」といった意向が強く反映されたのではないだろうか。戦前の行政といえばとかく「上意下達」的なイメージで捉えられがちであるが、実際には地元の要望を真摯に聞いてそれを可能な限り反映させる対応も行われている。

ついでながら、引用文中の「太郎兵衛耕地」は「太郎兵衛新田」が正しい。「耕地」の付く地名は小字が圧倒的で、特に足立区には沼耕地、沼向耕地、栗原前耕地、細田耕地（興野《おきの》）など膨大な数の耕地地名があった。しかしこの周辺では大字名が町名となったので編入時に大量に消滅している。

農地関係の地名を嫌う傾向は戦後になっても受け継がれた。たとえば埼玉県草加《そうか》市北部の東武伊勢崎線（スカイツリーライン）に新田という駅がある。駅名の新田とは合併前の旧村名（北足立郡新田村）で、その名の通り駅の周辺にはかつて新田の付く地名が目立った。昭和二四年（一九四九）修正の地形図によれば金右衛門《きんうえもん》新田、九左衛門《くざえもん》新田、長右衛門新田、新兵衛新田、清右衛門新田、善兵衛新田の地名が主に駅の西側に集中している。ところが現在のこの地域では新田が付くのは駅名だけで、すべて新しい地名だ。九左衛門新田を除く五つの新田が旧地名の頭文字を一文字採って次のように創作されている。

金右衛門新田
↓
金明町

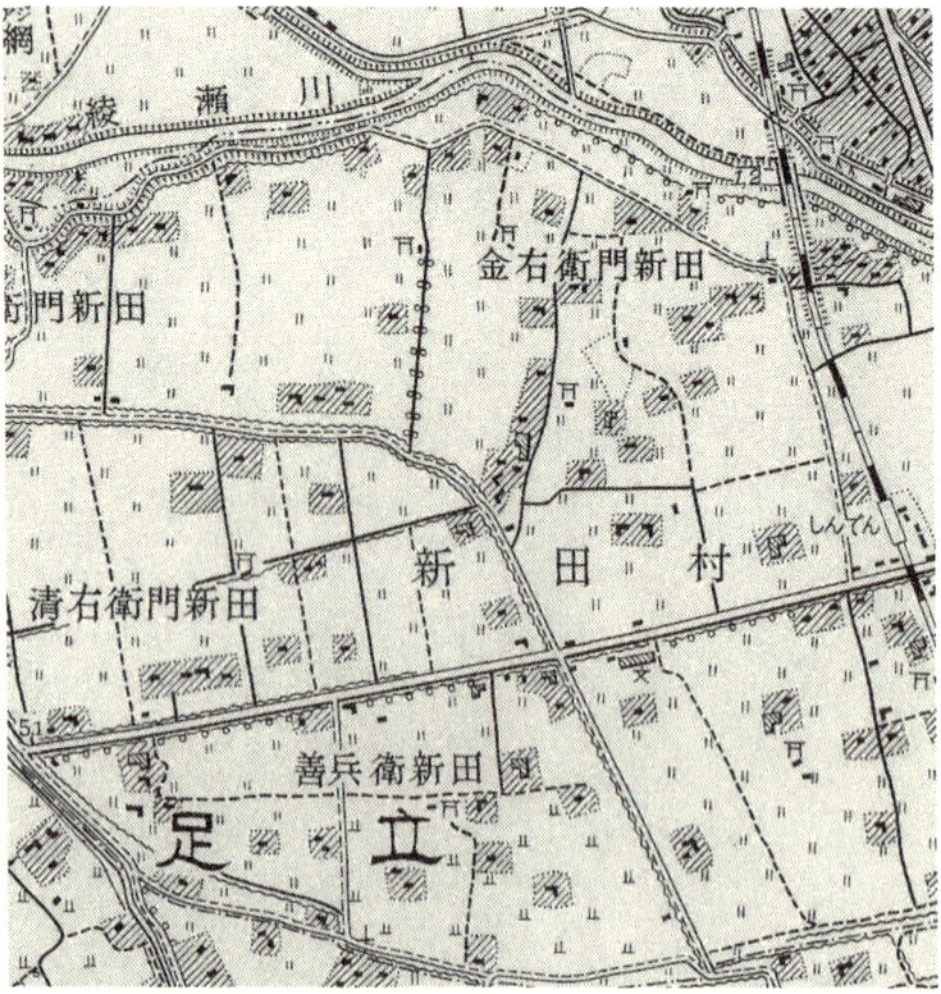

新田地名が目立つ旧新田村（上）と市制施行後の町名（下）。1：25,000 地形図「越谷」昭和 24 年修正（上）、「越谷」平成 17 年更新（下）

九左衛門新田　↓　旭町
長右衛門新田　↓　長栄町
新兵衛新田　↓　新栄町
清右衛門新田　↓　清門町
善兵衛新田　↓　新善町

平成二二年（二〇一〇）に政令指定都市となった相模原市も同様で、現在市役所やJR横浜線相模原駅のある中央区の一部を、かつては清兵衛新田《せいべえ》が占めていた。こちらは境川北側の武蔵国小山村の豪農・原清兵衛が天保一一年（一八四〇）に隠居した後、かねてから計画していた相模野の開発を代官に出願、同一三年には開墾《かいこん》許可が下りたものである。

こちらも都市化とともに徐々に面積を減らしていく。昭和三九年（一九六四）にはその一部が相模原や中央といった町名に変更されたが、同時に清新という地名も出現する。見ての通り清兵衛新田の短縮形で、こちらは現在も健在だ。しばらくは並行して清兵衛新田が南橋本駅の付近に残っていたが、昭和四九年（一九七四）に清新と南橋本に分割されて消滅している。

高層マンションが建ち並び、リニア新幹線の駅ができそうな今のこの地域を見たら、天上の清兵衛さんはどんな感慨を抱かれるだろうか。

◆今に残る焼畑の地名

焼畑という言葉を聞いて何を連想するだろうか。インドネシアで数年前に起きた大規模な山火事の原因が焼畑だったという報道があったように、最近では、主に熱帯で大規模かつ無計画に行われているので、環境破壊のイメージが強くなった。二酸化炭素を無秩序に排出することにより「地球温暖化」の元凶というわけである。しかし、日本をはじめ各国でかつて行われていた焼畑はそんないい加減なものではなく、限られた山の資源を持続可能な形で子孫に代々受け継いでいく、しっかりと計算された先祖の知恵が詰まったものであった。

ところで、「畑」という字は中国大陸から伝わった漢字ではない。漢和辞典を引けば出ているが、火＋田で、「森林を焼いて開いたはたけの意味を表す火田の二字を一字に合わせた国字」（大修館書店『新版漢語林』）、つまり、日本国内で作られた文字なのである。ということは、ハタケといえば昔は焼畑の方が標準であったことを示唆しているわけで、なるほどそれなら地名に焼畑に関するものが多いのも当然であろう。

東京都調布市には佐須《さず》町があり、また同じく文京区には昭和四一年（一九六六）まで指ヶ谷《さすがや》町（現在は白山）があった。後者は「三代将軍家光がこの地を指さしたことによる」といった、文字から連想したらしい由来（きわめて疑わしい！）も伝わっているが、サス（サズ）と読む地名は焼畑由来のものが多い。関東の山沿いには特に多く見られる地名で、東京都の奥多摩、雲取山の南東には赤指山《あかざすやま》（標高一三三二・五メートル）があり、同じ奥多摩の国道四一一号が山梨県に入る直前には庄ノ指《しょうのさす》という地名もある。奥多摩町には小字名にこれが非常に多く、大字ごとに挙げてみると次の通りだ。

河内《こうち》＝ぞうざす、川野＝大ざす、高ざす、庄のさす（庄ノ指）、ぬかざす、ぬかざす谷、ぬかざすおみくぼ、ぞうざす、留浦《とずら》＝あかざす、小指《こざす》、小丹波《こたんば》＝黒指《くろざす》、小指、サス、ヒナザス、惣金指《そうかなざす》、棚沢＝鉄砲指《てっぽうざす》、高指《たかざす》、八味指《はちみざす》、天目指《あまめざす》。

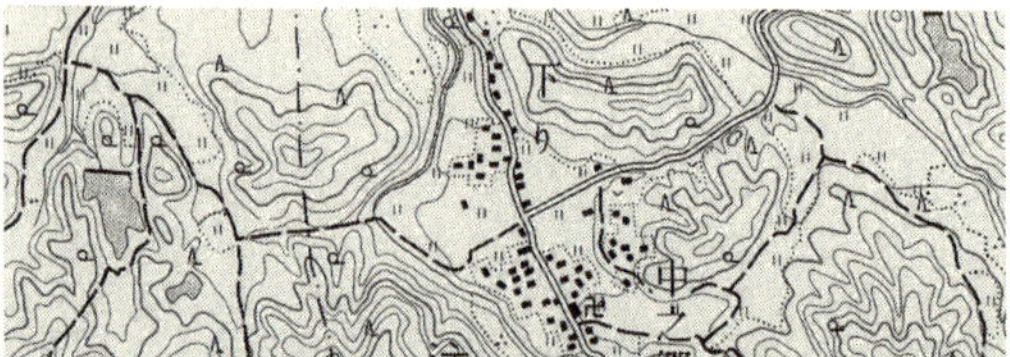

伊勢の山間部にある神宮のための焼畑を意味する注連指《しめさす》。
1：25,000 地形図「脇出」平成元年修正

三重県の伊勢市から宮川を遡った度会《わたらい》町には注連指《しめさす》という珍しい地名がある。注連の字は神の領域を限る「注連縄《しめなわ》」と同様で、『角川日本地名大辞典』によれば、この地は伊勢神宮領なので一般の立入りが禁じられた焼畑に由来するという。

サスの他にはソリ、ソレも焼畑に関連する地名だ。例えば、山梨県や長野県など山がちの地方に類例が多く、江戸時代の地誌『甲斐国志』にも「ソウリやソリは焼畑のこと」と明記しているし、柳田國男は『地名の研究』（昭和一一年）でこ

れらの地名が草里や草履、反田などいろいろな字で表記されることに言及している。群馬県の渡良瀬《わたらせ》川を遡るわたらせ渓谷鉄道（旧国鉄足尾線）にある沢入《そうり》という駅もおそらくその仲間だろうし、JR飯田線の難読駅として知られる大嵐《おおぞれ》駅もそれに違いない。焼畑の放棄して自然に還す、つまりずっと後年になって再利用するためであるが、それをアラスとも称するらしく、アラシという字をソレに当てているのは、そのことを物語っているようだ。

ソリ（ソウリ）は他にもいろいろな文字が用いられており、福島県石川町の双里、愛知県知多市の佐布里《そうり》（これはサフリという旧仮名遣いが伝わってくる）、千葉県木更津市には相里《そうり》（間里《あいさと》が転じたという説も）、福岡県春日市には惣利という文字が用いられている。信州伊那谷の飯島町には日曽利《ひつそり》という地名もある。

ソリマチという地名も全国に多く分布していて、反町《そりまち》の字を当てられているものが多く、これは姓にもなっている。山形市、栃木県真岡市、群馬県太田市（反町町《ちょう》）、長野県松本市などにあるが、これも焼畑関連だろう。この場合、マチは市街地ではなく耕地を意味している。そもそも、町という字には耕地の畝や畔などの意味があり、市街地を意味する町ではない。そのことは、これらの町の旧称が、たとえば松本市の反町が江戸時代から明治二二年（一八八九）に市に編入されるまで「反町村」と称していたことからもわかる。

同じ読み方でも、東北地方での特有な字の当て方として秋田県由利本庄市の雪車町《そりまち》がある。こちらも江戸時代には雪車町村と称したので、市街でないことは確実で、しかも、雪上運搬具であるソリの字を当てるところなど、なかなか洒落《しやれ》た感覚だ。山形県酒田市には雪車田《そりた》（大字麓と福山にまたがる）、福島県伊達《だて》市の阿武隈川沿いにも雪車田がある。さらにこの二字をつなげた轌町《そりまち》（秋田市金足黒川）、轌ノ目《そりのめ》（秋田県能代市字機織《はたおり》）もユニークだ。

九州で焼畑はコバと称し、漢字の表記はおおむね木場とか古場が一般的である。例えば、赤木場《あかこば》・梶木場・桑木場（長崎県佐世保市）、桑古場（佐賀県有田町）、大平木場《おおひらこば》（鹿児島市）、上之木場《かみのこば》（鹿児島県南九州市）、桑古場（佐賀県有田町）、越小場《こしこば》（熊本県水俣市）、瀬戸木場（佐賀県唐津市）など上に「どんな焼畑なのか」を表わす文字を冠して、区別している。JR肥薩線の大畑《おこば》駅も難読とされるが、これはコバを「翻訳」して畑の字を当てた結果だ。木場は「表音文字」として、大畑は「表意文字」として漢字が使われた、ということである。

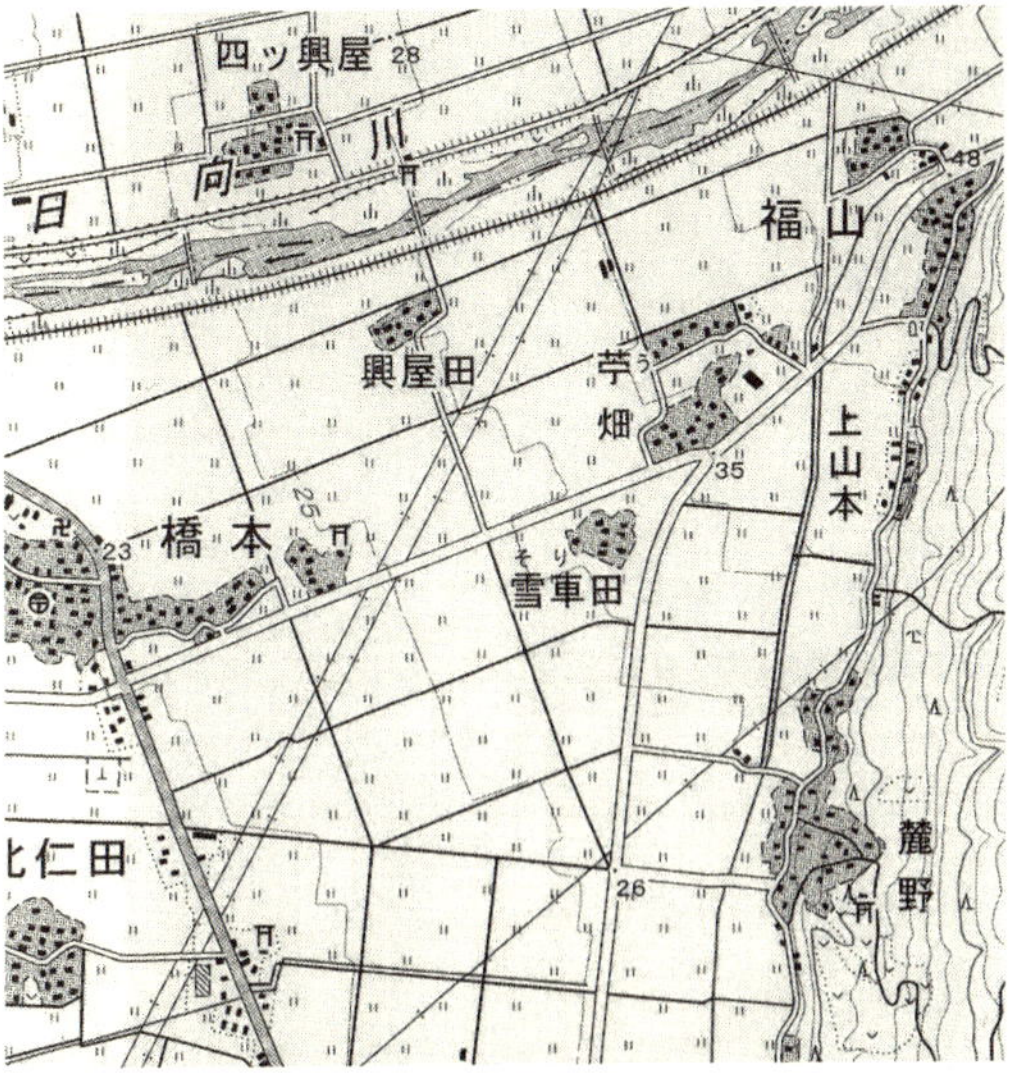

東北地方では焼畑の「ソリ」に雪車などの文字を当てる例も。山形県酒田市の雪《そ》車《り》田《だ》。1：25,000 地形図「羽後観音寺」平成 18 年更新

◆通称の地名

東京の外神田駅、駿河《するが》台駅、三崎町駅……。もちろんこんな駅は存在しないのだが、秋葉原、御茶ノ水、水道橋の各駅を所在地で名乗ればこのようになる。それぞれ東京都千代田区外神田、神田駿河台、三崎町である。秋葉原という正式な町名がなぜか台東区の御《お》徒町《かちまち》駅近くにあるのは事情

が複雑なので措《お》くとしても、駅の近くに秋葉原という町名はない。また御茶ノ水と水道橋も「公式な町名」としては存在しない。

それではどのような理由でこの駅名が選ばれたのだろうか。御茶ノ水といえば、江戸時代に将軍のお茶を淹れるための良質の水が当地に湧いており、地名はこれにちなむものであり、水道橋は神田上水の懸樋《かけひ》の名前である。こちらは井の頭池（現・井の頭公園内）を水源とする神田上水（現神田川）を、文京区の関口から駿河台方面へ引くために神田川の上を樋《とい》で跨《また》いだ橋を指す。関口という地名も「取水堰《せき》」の口に由来するものという。

江戸時代にあっては将軍用のお茶の水源《すいげん》や上水道が川を跨ぐ水道橋は、江戸の中でも珍しい存在であったために、地点を特定する格好のランドマークとなったのである。細かい町名に分かれていた当時は、個々の町名を言うより、これらの名所旧跡を用いた方がずっと知名度が高くてアピールするという事情があり、それが駅名に採用されたのだろう。またこの三駅がある中央線の前身が甲武鉄道という私鉄であったため、少しでも知名度の高い「通称地名化したランドマーク」を駅名とすることにより、乗客を増やそうという意向が働いたことは想像に難くない。

最後に秋葉原だが、これも本来は公式の町名ではない。しばしば大火が襲った江戸の街に設置された火除地《ひよけち》、つまり延焼防止用の空き地のひとつである。防火のため祀《まつ》るといえば当然ながら「火伏せの神」の秋葉《あきは》神社で、やはりこの原っぱにも秋葉神社が置かれたため、秋葉のある原っぱ―秋葉原という通称地名が生じた。

そういえば永井荷風《かふう》が、省線（後の国鉄）の秋葉原駅を「あきはばら」などと読むのは問題だとどこかで難じていた。本来は「あきばはら」ではないか、というのだ。しかし調べてみると秋葉神社の本家である遠州の秋葉山（現浜松市天竜区）の読みは「あきはさん」または「あきわさん」らしく、鉄道省もちゃんとそれを調べた上で、地元で言われる「あきばはら」ではなく、正統的な読みを模索したのかもしれない。これが正しいと権威筋から言われても、荷風と同じく地元民としては素直に承服しがたいこともあっただろうが、当時の中央官庁の発想として、あくまでも正統的な地名の読みを追究したらそうなった、ということなのではないだろうか。

それはともかく、秋葉原駅の所在地は昭和三九年（一九六四）以前は神田花岡町と称

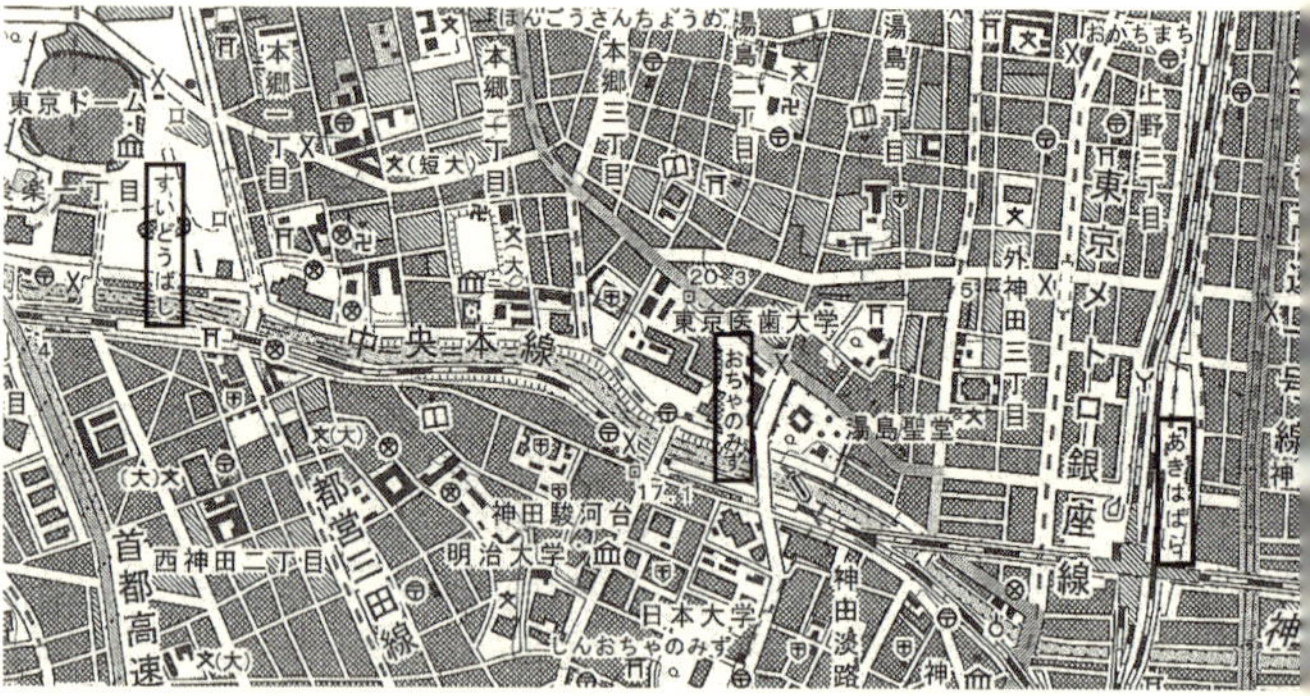

通称地名に由来する3つの駅、秋葉原、御茶ノ水、水道橋。周囲の公式の町名とはことごとく異なっている。1：25,000 地形図「東京首部」平成17年更新

した。現在もこの町名は駅の東側に一部が残っているのだが、駅の西側が住居表示を実施した際に大々的に外神田に統一された。これにより駅の住所は外神田一丁目となったのである。現在は正式な町名となった外神田であるが、かつては神田川の北側、つまり江戸城の外側に位置する通称地名であった。江戸期にはこのエリアに四九の細かい町がひしめき合っていたための広域地名としての位置付けであるが、戦後の住居表示にあたって、その広域通称地名を町名として利用したのである。

御茶ノ水、水道橋、秋葉原はともに、今ではすっかり通称地名として全国的に通りが良くなった。御茶ノ水については、女子高等師範学校

を改めた「お茶の水女子大学」という名称も、その通称地名の普及に一役買っているが、実際にこの大学は駅では東京メトロ丸ノ内線の茗荷谷《みょうがだに》駅の近くにある。かつて同校が御茶ノ水駅のすぐ北側にあったことにちなむものだ。これは一橋大学が国立市に移転した後の戦後になってから、その旧地である千代田区の一ツ橋を名乗ったのと同様だ。

これらの駅名は、いずれも知名度では正式な駅所在地の地名を凌駕することは間違いないが、そもそも毎日多くの人が利用し、路線図で親しんでいる駅名の影響力は実に大きい。考えてみれば「どちらにお住いですか」と問われた時、正式な町名よりも駅名を言う人の方が圧倒的に多いのではないだろうか。小田急電鉄の柿生《かきお》駅（川崎市麻生区）の柿生という地名も、かつて存在した神奈川県都筑《つづき》郡柿生村にちなむものだ。昭和一四年（一九三九）に川崎市に編入した際に柿生の地名は消滅して久しいのだが、駅名がこの旧村名を名乗ってその後改称されなかったため、現在に至るまで通称地名としては立派に生き続けている。

かつて正式な町名であったのが、今では通称地名となってしまった代表といえば原宿だろうか。原宿は戦国時代以前からの歴史ある地名で、もとは鎌倉から奥州へ通じる街道沿いの宿駅にちなむとされる。これが長年続いて明治二二年（一八八九）以降は千駄ヶ谷村（明治四〇年から千駄ヶ谷町）の大字原宿として存続した。昭和七年（一九三二）には東京市に編入されて渋谷区となってからも渋谷区原宿として引き継がれたのだが、昭和四〇年（一九六五）～四三年にかけて隣の隠田《おんでん》とともに「神宮前」という安直な町名に統合されてしまった。それでも山手線の駅名が原宿で変わらないため、むしろ神宮前という正式町名よりも通りがよい。このような例を見ていると、なぜ通りの良い町名をわざわざ変えたのか不思議に思えてくる。

◆縁起のよい地名たち

人は住居を構えるにあたり、地鎮祭を厳粛に執り行う。地盤の善し悪しとは別に、土地の神様に納得してもらうといった発想だろうが、新しく付ける地名に縁起の良いものを欲する傾向は目立つ。

そんなタイプの地名を瑞祥《ずいしょう》地名と呼ぶが、これは調べてみると結構あるもので、特に新開地のような場所では、将来の町の発展と住民の幸福への願いを込めて名付けられるものが多い。それらの「縁起担ぎ地名」の中で最も使われる漢字を挙げるとすれば、「栄」ではないだろうか。栄といえば名古屋市中区の栄町（住居表示地名では栄）が全国レベルでは最も有名かもしれないが、ここは明治一一年（一八七八）に広小路片町から改称されたもので、旧称にもあるように広小路沿いの狭いエリアだったが、昭和四一年（一九六六）からは住居表示による町の統廃合が行われ、現在では何十倍にも広がっている。

栄町（さかえちょう・さかえまち）は『角川日本地名大辞典』に載っているものが（廃止された町名も含めて）、ざっと数えても全国に二七〇か所ほどもあるが、町名の成立した年を見ると、名古屋のような明治生まれは非常に珍しく、そのほとんどが昭和になってから誕生していることがわかる。それも大半が戦後の生まれで、住居表示法に基づく住居表示を実施したところが多い。

いろいろな町を統廃合する際にどんな町名にするかは、どの地域でも頭が痛い問題であったが（統廃合する必要があったかどうかは疑問であるが）、誰もが納得してくれる地名となると、必然的に当たり障りのない「めでたい地名」を付けておけば文句は出ないだろうという判断になりがちだ。ちなみに自治体としての栄町・栄村もかつては多く、そのほとんどが合併を機に誕生したものであった。栄区は現在横浜市の一か所（昭和六一年に戸塚区から分立）だが、名古屋市にも昭和一九～二〇年と短命ながら存在したことがある。

栄と同様に多いのが幸町（または幸）で、これも一〇〇か所以上。おおむね典型的な瑞祥地名として成立しているが、川崎市の幸区という行政区名のもととなった幸町は、明治天皇が明治一七年（一八八四）に行幸したことにちなんだ「御幸」という地名から昭和八年（一九三三）に成立、それが区名に発展したものだ。

そういえば、北海道の旧広尾線には幸福という駅があり（帯広市幸福町）、「愛国から幸福ゆき」の切符が大人気を博したものである。昭和六二年（一九八七）に廃止されて久しいが、その後も人気は静かに継続して駅舎への「参詣者」が相次いだため、老朽化した駅を平成二五年（二〇一三）一一月に建て替えるという、廃駅としては異例の扱いを受けている。

しかしこの幸福も、もとは幸震《こうしん》という地名で、これは「乾いた川」を意味するアイヌ語のサツ・ナイに漢字を当てたものだ（近くを流れるのは札内川）。ナイは地震の古語「なゐ」にちなむもので、当地が福井県から入植が多かったので幸震＋福井で幸福になった。もちろん偶然の一致ではなく、ハッピーの意も掛けているのだろう。それでもさすがに幸福という地名は全国的にも珍しく、他には同じ北海道の千歳市幸福（市名と合わせ、めでたさに満ちている）、大阪府門真《かどま》市幸福町だけである。

「喜」の字も多く使われている。こちらは「敗北」に通じるとして嫌われた北の字を避けて喜多や喜田に変えたものが目立つ。最も有名なのは喜多方ラーメンで知られる福島県喜

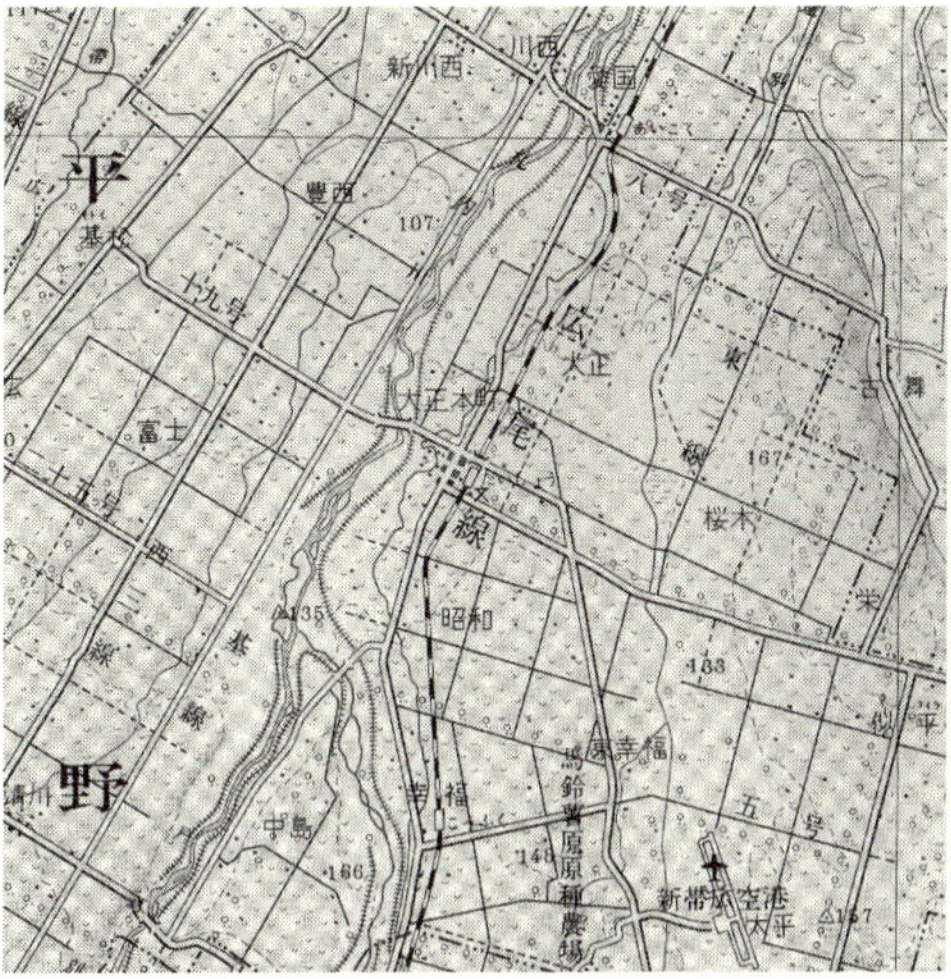

幸福駅と愛国駅で有名だった旧国鉄広尾線。1：200,000 地勢図「帯広」昭和 58 年要部修正

多方市で、この蔵の町の名は、小田付《おたづき》・小荒井などの村が合併した明治八年（一八七五）に登場した。もともと会津藩領の北に位置する北方と呼ばれていた地方の名を「好字」に替えた例である。他にも兵庫県加東《かとう》市の喜田は、かつての北村が明治の町村制を機に変わったものだし、同じく小野市の喜多町も室町時代までは北村であった。愛媛県大洲《おおず》市の喜多山も天保九年（一八三八）に北山から変えた記録があるという。

富士山麓を走る富士急行は、最近になって富士吉田駅を富士山駅に変えたことが話題になったが、この路線には寿駅もある。この駅名は昭和五六年（一九八一）に改称されたもので、以前は昭和四年（一九二九）に開業して以来、暮地《くれち》駅と称した。所在地は上暮地（クレは急斜面の崩壊地名に多い）というが、文字面が墓地に似ているから改称したという話も伝わっている。

字面を縁起良くするため改称する例は全国にはまだまだ多く、その中で最も印象的なのが百千家満《おちやま》だろう。兵庫県の素麺の産地として知られる揖保《いぼ》川を遡った宍粟《しそう》市（旧一宮町）にあり、かつては落山村と称したという。それが古くから風水害による山崩れや落石などの天災に見舞われたために文字を思い切りめでたく変えたという。「百千の家が谷に満ちる」ほど安全に栄える、ということだろうか。いずれにせよ超一級の難読地名になってしまったけれど。

ズバリ「繁昌」という地名は茨城県行方市。1：50,000 地形図「鉾田」平成元年修正

最後に新年を迎えるのにふさわしい地名を二つ挙げておこう。茨城県行方《なめがた》市の繁昌《はんじょう》は『角川日本地名大辞典』によれば、この土地が「当地方の中心で最も勢い盛んな地であることによる」そうだ。もうひとつは成《じょう》就《じゅ》。これは長野県小川村瀬戸川にある字の名で、北アルプスを展望する絶景の地として画家やカメラマンが画業成就を目指して（？）訪れるところである。

◆ブランド地名

毎年発表される国税庁の「路線価」は、何かとご時世を反映しているので話題になるが、細かい地名にびっしり満ちたこのリスト眺めていると、当然ながら人気のある街は地価が高いことがわかる。それらの街はしばしば「ブランド地名」として扱われ、そこに住むことが一種のステイタスとなる。

東京都大田区の田園調布といえば、そんなブランド地名の代表格で、「田園調布に家が建つ」というフレーズがギャグになるほどの知名度をもっている。大正時代に渋沢栄一が提唱した英国の田園都市（ガーデンシティ）を日本に、という発想から始まったこの住宅地は一区画が一〇〇坪以上、上下水道完備という理想的な住宅地として登場して羨望の的となった。所在地は大字上沼部《ぬまべ》と下沼部にまたがっていたが、この地域が東京市に編入された昭和七年（一九三二）から大森区内の正式町名として田園調布を名乗っている（隣接する世田谷区の玉川田園調布も同時期に誕生）。

ブランド地名は拡大する傾向があり、昭和四五年（一九七〇）には調布嶺町、調布大塚町の一部を含むエリアに「田園調布本町《ほんちょう》」および「田園調布南」という町名が新設さ

れた。ちなみに旧地名の上沼部・下沼部は江戸時代以前からの由緒あるものであったが

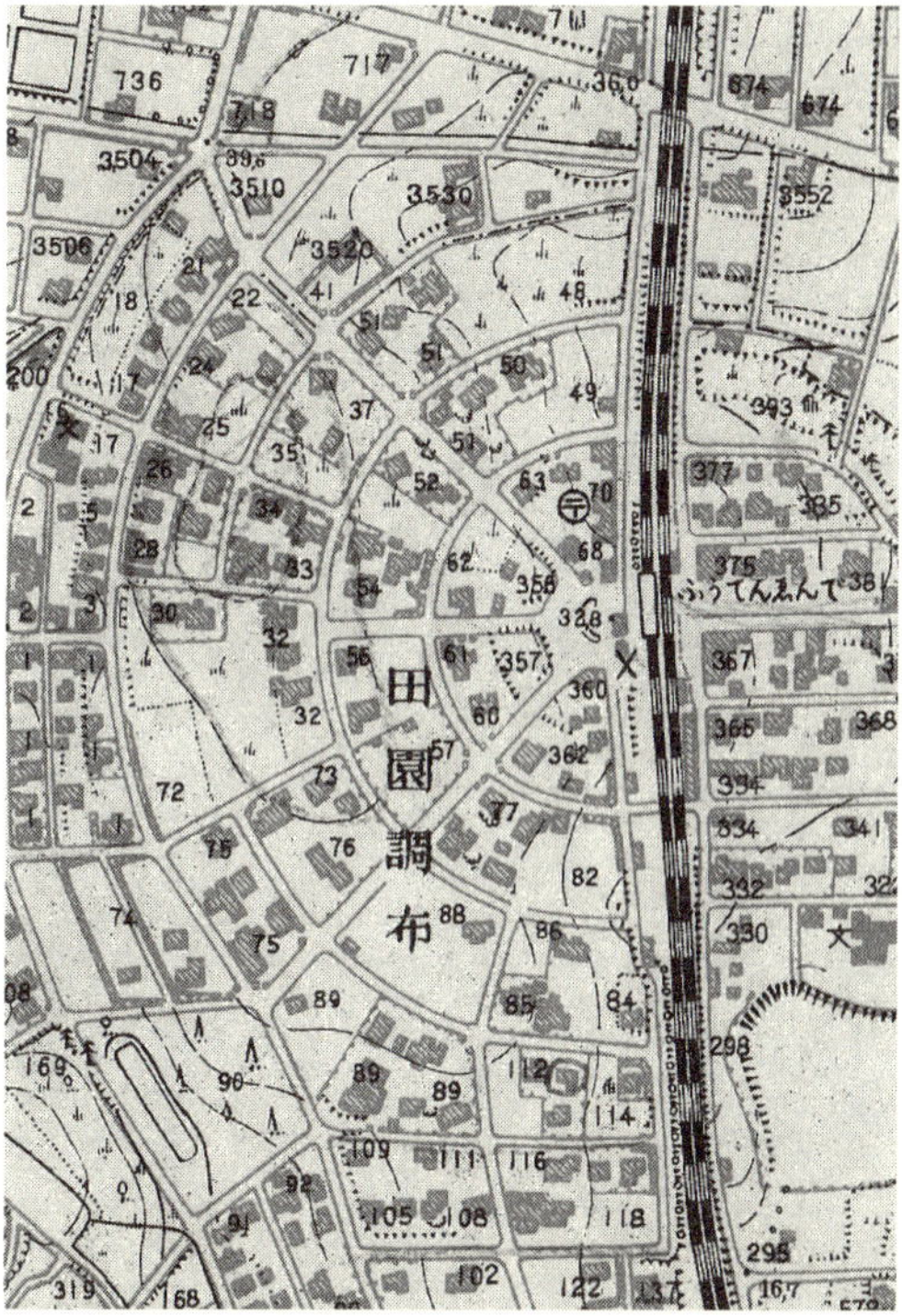

昭和４年頃の田園調布。独特な街路形状とゆとりある邸宅の配置がわかる。1：10,000 地形図「田園調布」昭和４年測図×1.25

昭和七年に東京府側では消滅し、現在では多摩川をはさんだ川崎市にかつての飛地の下沼部だけが残っている。JR南武線の向川原駅の付近であるが、かつては田園調布本町あたりにあった下沼部の本村から小舟で渡って耕作する「向かいの川原」であったから、駅名は実態そのものだが、その由来を知っている住民がどれだけいるだろうか。

東京では成城《せいじょう》もブランド地名である。東京市牛込区（現新宿区）にあった成城学校が昭和二年（一九二七）の小田急線の開業に合わせて砧《きぬた》村大字喜多見の平坦地に移転したのがきっかけだ。一帯はこの成城学園を中心とした計画的な学園都市として整備され、昭和五年からは成城が正式な町名となっている（当初は砧村大字喜多見成城、同七年から東京市世田谷区成城町。昭和四五年の住居表示後は成城）。人気の高い地名である証拠に、成城に隣接する調布市や狛江市にも「〇〇成城」などと名乗るマンションやアパートが何十軒も存在するし、ある大規模マンションは一部の棟が隣接する狛江市域に入っているにもかかわらず、苦労して住居表示を「世田谷区成城」とさせたほどである。

リゾート地では長野県の軽井沢もブランドだ。江戸時代までは中山道の小さな宿場町であり、寒冷地なので作物もあまりできない土地であったが、明治に入って外国人が避

暑のための別荘を建てたのをきっかけに日本の政財界人や高級軍人などが続き、やがて

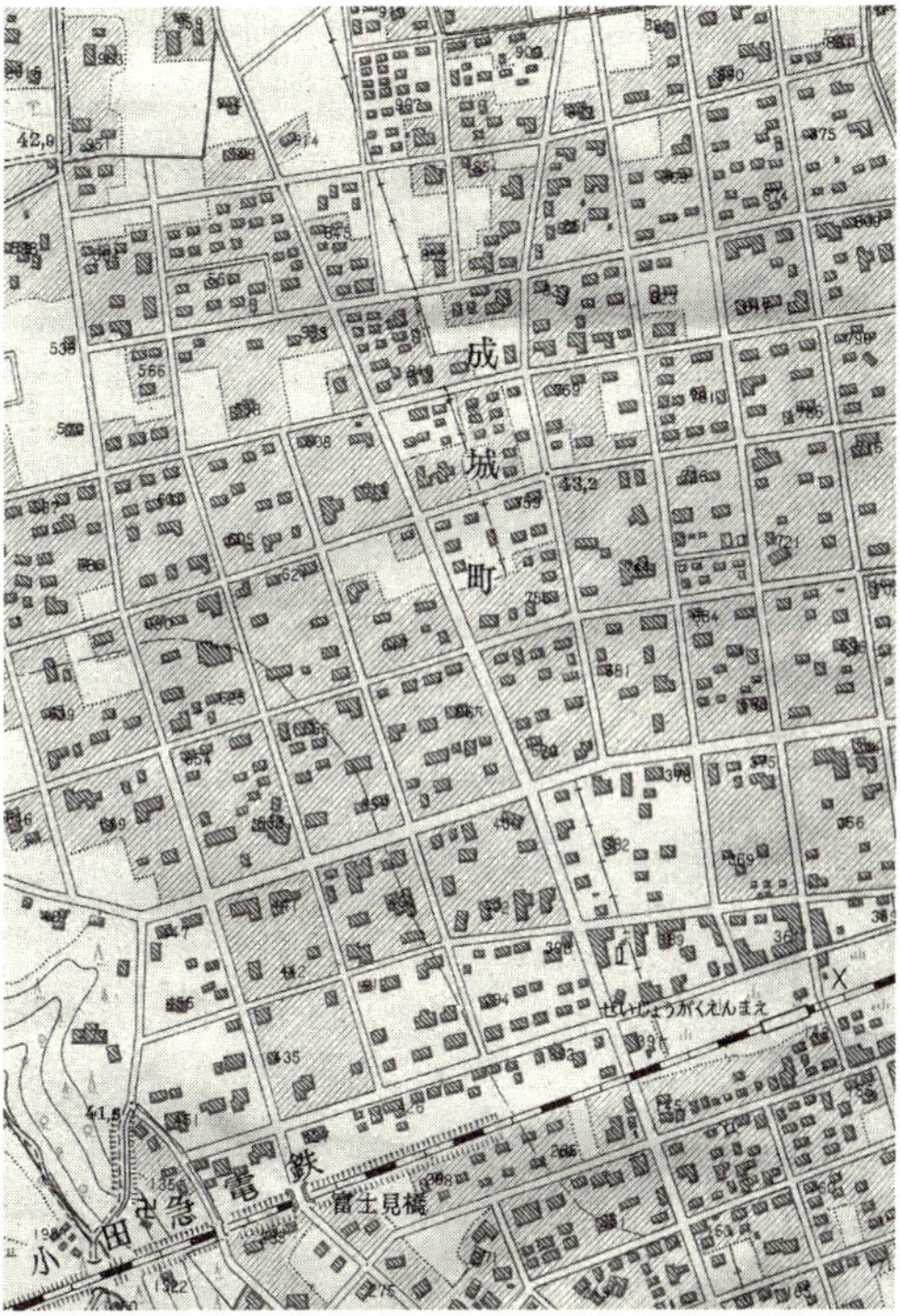

成城学園を中心に開発された成城。網は樹木に囲まれた集落を意味する。1：10,000 地形図「成城」昭和 30 年修正×1.25

「ハイソサエティ」の別荘地のイメージが戦前から定着した。

そのブランド力は大きく、昭和二年（一九二七）に群馬県長野原町にできた別荘地の法政大学村（同大学長が所有地を分譲）が、軽井沢と所属県が異なるにもかかわらず北軽井沢と呼ばれるようになり、当時走っていた草軽電鉄の地蔵川駅も北軽井沢と改称している。軽井沢からは当時のこの軽便電鉄で一時間半（約二六キロ）といささか遠かったが、「養蚕で繁栄するように」明治八年（一八七五）に名付けられた応桑《おうくわ》の地名よりもぴったりきたのだろう。正式な地名として大字北軽井沢が誕生するのははるか後年の昭和六二年（一九八七）のことであるが。

長野県内でも軽井沢人気にあやかろうとする人たちは多かったようで、信越本線（現しなの鉄道）の信濃追分や御代田《みよた》などの駅周辺が西軽井沢と呼ばれるようになり、南軽井沢も駅の南側に広がった。「虚実とりまぜた軽井沢」の中心地に位置する沓掛《くつかけ》（中山道の沓掛宿）も、昭和三五年（一九六〇）から中軽井沢を名乗るようになった。駅名の方はひと足先の同三一年から沓掛を中軽井沢と改めている。世は高度経済成長を背景に、まさに「観光の時代」に突入していった。

最近では再開発のプロジェクト名または分譲する際の「商品名」を正式な町名に据えてしまう例も目立つようになってきた。かつて山林や耕地だった土地は地元住民の抵抗も少ないようで、かなり思い切った地名も散見する。たとえば習志野市では歴史的な地名である谷津《やつ》の一部を、新たに建設されるマンション群の名に合わせて「奏《かなで》の杜《もり》」に変更してしまった。デベロッパーの商標のままに地名を簡単に変えてしまうセンスには危ういものを感じるが、現在の地方自治法では市町村議会の議決があればほぼ何でもＯＫだ。多数派の与党が決めれば○○市田園調布だろうが○○市ビバリーヒルズだろうが何でも可能である。

そういえば関西国際空港のお膝元の大阪府泉佐野市が財政難に苦しんだ末、市の「命名権」を売りに出して注目を集めたことがあったけれど、地名があまりにも商業ベースで扱われる傾向が強まるのは心配だ。江戸時代以前、いや古代より前から現在まで伝えられてきた地名は、そのままであることに価値がある。思えば地名の扱いはここ半世紀ほど、あまりに粗略ではないだろうか。子孫から嘲笑されることのないよう関係者の自重を求めたいものである。

◆地名の「安全性」を考える

東日本大震災以来、津波がどこまで到達したかが検証され、また液状化現象のあった土地の調査も進んでいる。丘陵の造成地で起きた地滑りや不等沈下の被害も指摘されるようになってきた。このような状況を反映して土地の高低や地質についての不安が高まり、地名から土地の安全性を判断しようという言説が最近にわかに増えている。

地形と密接に関わっている地名の分野に関心が集まるのは結構なことなのだが、中途半端な理解に起因する行き過ぎの例が、たとえばある週刊誌に載った「危険・安全な地名につく漢字一覧」と称する表である。

これによれば「軟弱地盤地名」には窪《くぼ》（久保）、谷、沢、下、江、海、塩、磯、浦、浜、島、岸、橋、舟、津、池、沼、井、浅、芦、原、稲（その他多数）、「良好地盤地名」では山、峰、尾、丘、台、高、上、曽根、岬、森などが付くとして、ずいぶんと簡単に割り切った具体例が載っているのだ。

しかし考えてみれば地名から地質や地形を判断するのはずいぶんと無謀な話である。

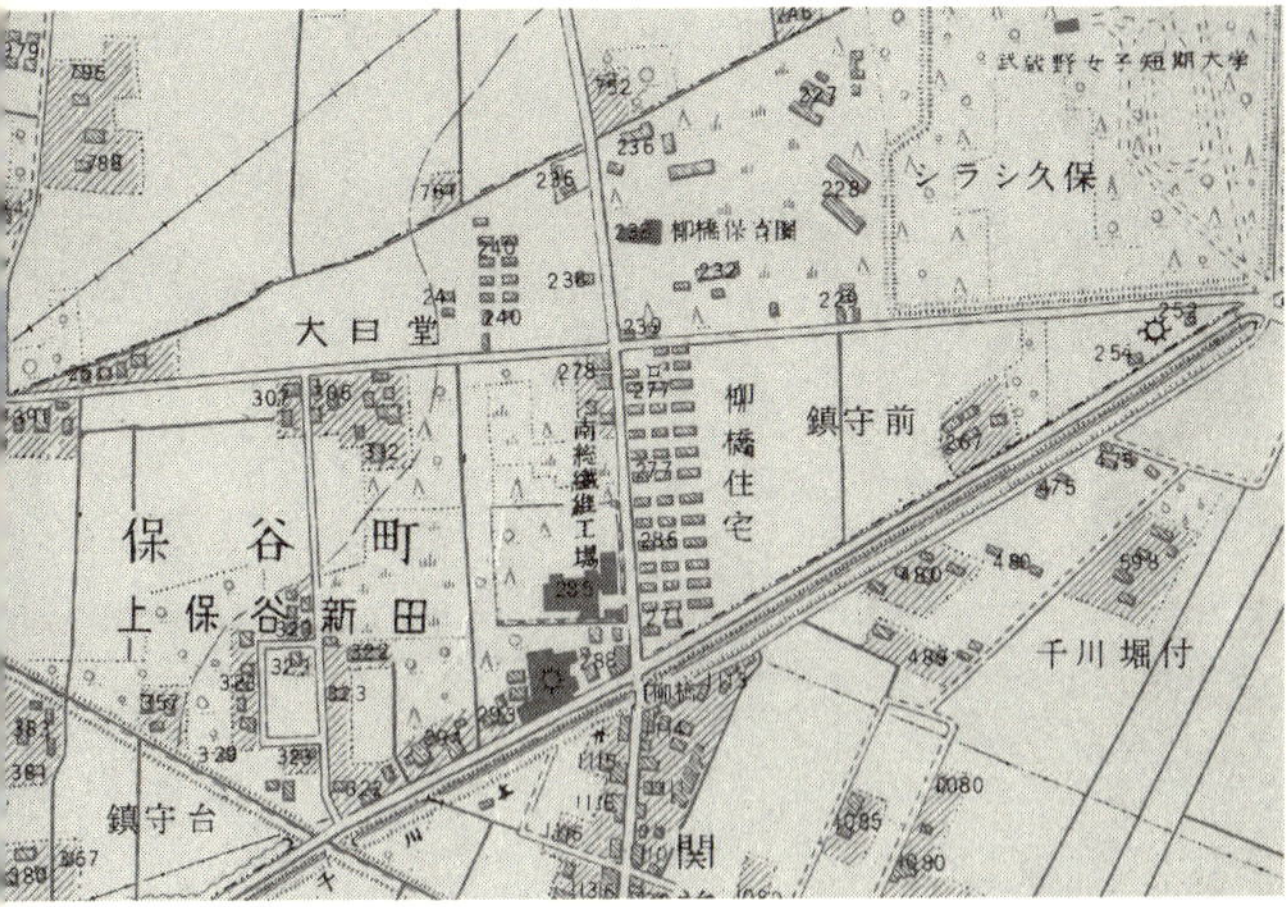

右上に見える「クボ地名」と左下の「台」地名。平坦な武蔵野台地では、地形図にも表われないほどの微妙な起伏を捉えた地名が目立つ。1：10,000 地形図「田無」昭和 27 年測量

たとえば「窪地には窪のつく地名が発生する」という説明は妥当だとしても、順番を逆にして「窪のつく地名は窪地である」と言ったら間違いだ。狭い範囲を示す小字などを除けば、現実の、特に住居表示を実施した地域では「窪のつく地名」の大半が窪地ではないことも珍しくない。

ところで、武蔵野台地には窪（久保）のつく地名が多い。これは地形が平坦《へいたん》だからである。人をからかっているわけではなく、どこまでも平坦な土地が続いている地域では、これといって特徴がないので、大雨が降った時な

どに若干の水溜まりができて初めてわかる程度の微小な窪地を土地の特徴として捉え、「○○窪」などと命名する。その窪地の面積は小さいが、大雨で水が溜まるから、古くからそこには家を建てなかった（新興住宅地はその限りではないが）。要するに命名のもととなった具体的な「窪」以外の全域については、窪にまつわる軟弱地盤の心配は無用、ということになる。

池のつく地名の場合、命名のもととなった池の中に家は建てられないから、必然的に周囲の土地に住むことになる。その土地は池の畔の低湿地かもしれないし（このケースは少ない）、少し離れた安定した地盤、または池を望む高台という可能性もある。この例を考えただけでも、地名の漢字から安全性を云々することのナンセンスを理解するに十分であるが、そもそも「当て字」が非常に多い日本の地名を「字面」で解釈しようとする態度は、古くから多くの地名学者たちが戒めてきたところだ。

関東平野では太古の昔からいくつもの大河が乱流し、洪水の度に河道を変えてきた。洪水は沃土をもたらすので歓迎すべき半面、家屋敷が流されるのは避けたいのが人情である。このため集落は五〇センチでも高い土地、たとえば川の運んだ土砂が堆積した微高地である「自然堤防」に昔から発達してきた。水準測量などしなくても、土地の人はどこが浸水するか古くからの経験でわかっている。

そこには、たとえばハナワという地名が名付けられた。花輪という当て字もあるが、関東では「土が高い」と書く国字「塙《はなわ》」を作ってしまったほどである。五〇センチの高さは山村では無視できても、低地では大問題となる。これに対して、山村ではわずかでも緩傾斜地《かんけいしゃち》（厳密な平坦地はほとんどない）は珍しく貴重なので、平らを意味するナル・ナラなどの地名が付き、そこに成、楢、奈留、平などの字が当てられる。一本松という地名が鬱蒼《うっそう》たる森の中には付かないように、同じモノでも周囲の状況によって位置付けは異なる。地名の命名はあくまで「相対的な価値判断」に基づいて行われるものだ。

そんな伝統的な地名の命名が続いてきたこの日本も、高度成長期で住宅開発が盛んになってくると、従来は田んぼだった低湿地に土をまぶして造成し、こともあろうに「〇〇台」とか「〇〇が丘」などと新たにイメージ優先の新しい地名を付けて売り出したところも少なくない。その結果、微高地たる自然堤防より標高の低い台・丘の地名が多数発生しており、地名での安全性の判断などますます不可能になった。

ついでながら前出の週刊誌でコメントしているある大学教授は「(東京の)自由が丘は本当の丘です。そんなに高い丘ではないが地盤はきちんとしている」と、昨今のニセモノの「丘地名」とは違うと述べている。しかしこれは地形をあまりよく見ていない証拠で、住居表示区域としての「自由が丘」には確かに台地も含まれているが、旧九品仏《くほんぶつ》川沿いの低地にも広がっているので、地盤の状態はもちろん一様ではない。

地名に用いられた文字だけを取って一喜一憂するのがいかに無意味であるか、これ以上説明する必要はないだろう。地名と安全性を結びつける企画は、メディア界としては「受ける」のかもしれないが、非科学的かつ無責任なものであり、それが不当に資産価値を落とす動きにつながったとすれば、実に理不尽だ。もし本当に土地の安全性を知りたければ、地質学的または地形学的な調査こそが不可欠である。

地震がきわめて多く、かつ雨も時に非常識なほど多く降る日本では、この分野の教育が重要だ。にもかかわらず地学を学ぶ高校生はごく僅かであり、自然地理も中学生の時に簡単になぞっただけの国民が大部分を占めている。すでに地面の下では活動期が始まっているとの指摘もあり、少なくともこれから新しい所に住む人が安全な場所に住むための「教養」はますます必要になってくるだろう。現実としては、宅地として無理のある危険な土地がすでに多数分譲されている中で、必要なのはそんな場所に近づかないための知恵である。

第六章　地名は階層になっている

◆町と村はどう違うのか

「平成の大合併」というだけあって、合併後に自治体の数は大幅に減少した。この大合併が始まった平成一一年（一九九九）四月には六七一市・一九九〇町・五六八村の合計三二二九市町村であったのが、平成二六年の四月現在では七九〇市・七四五町・一八三村の合計一七一八市町村と、ほぼ半減近くになっている。

ちなみにその半世紀前に行われた「昭和の大合併」直前の昭和二八年（一九五三）九月末では、二八五市・一九七〇町・七六四〇村の合計九八九五市町村。当時は市といえば拠点となる都市であり、全国の自治体数のうち九七パーセントという圧倒的多数が町村（うち村が八割）が占めていた。

この頃と比べると現在では自治体数のうち四六パーセントが市であり、今では村の方がむしろ少数派である。人口で考えれば、おそらく日本人の大半がどこかの市民（東京都の二三区も含む)。であるに違いない。しかしそれだけの面積が平成に入って市街地化したわけではなく、多くの深山幽谷《しんざんゆうこく》や広大な原野などが市域に含まれてしまっただけのことであるけれど。

まだ市制・町村制が施行される以前の明治九年(一八七六)五月一八日に内務省が議定した『地所名称区別細目』は、町村や字《あざ》について次のように規定している。

一　村ト称スルモノハ郡中ノ区分ニシテ字ヲ轄《かつ》シ農民ノ部落ヲ為スモノナリ

一　町ト称スルモノハ郡中ノ区分ニシテ商民ノ市街ヲ為スモノナリ字ヲ轄スルコト村ニ同シ

一　字ト称スルモノハ村町中ノ区分ニシテ数十百筆ノ地ヲ轄スルモノナリ

この規定はまだ「市」が出現する以前のことで、町と村および字だけに言及されているが、町が「商民の市街」であるのに対して村は「農民の部落(集落)」と明解に分けているのは興味深い。要するに町と村との違いは人口規模というよりは、住民の職業

（暮らし方）に左右されるものだったのである。

だから人口が少なくても商人が集まっている市街地は町（宿場であれば「宿」や「駅」）となるし、多くの人口を擁していても農村集落が広がっているのであれば村だった（漁民の住む集落は「浦」や「浜」と呼ばれた）。これはたとえばドイツでも同様で、市（シュタット）とは人口にかかわらず市民（ビュルガー。フランス語ならブルジョワ）が住む場所であり、市はたいてい壁（シュタットマウアー＝市壁）で囲まれていた。

現在では町と村の違いは明確ではなく、村にサラリーマンや商店主が住むこともあれば、政令指定都市の中にも田を耕す人が混住している。また、自治体としては人口が減少しても町が村に変わることはないし、その結果として小さな市より人口が多い村も存在する。たとえば岩手県岩手郡の滝沢村は平成二六年（二〇一四）一月一日に町を通り越して一気に滝沢市となったが、平成二五年一〇月末現在の人口は五万五〇七七人で「日本一の村」であった。

ちなみに最少の市は北海道歌志内《うたしない》市で、同日の人口は滝沢村の実に一三・五分の一に過ぎない四〇七二人（平成二五年一〇月末現在。同二七年一〇月末現在三万六九五人）であった。ついでながら人口最大の町は、最大だった滝沢村よりは少ないけれど、五万二〇七九人（平成二七年一〇月一日現在）の広島県府中町。この町は明治以来一度も合併をしておらず、現在では広島市にとり囲まれた状態となっている。これまで「独立」を保っているのはマツダの広島本社の所在地であることが大きい。

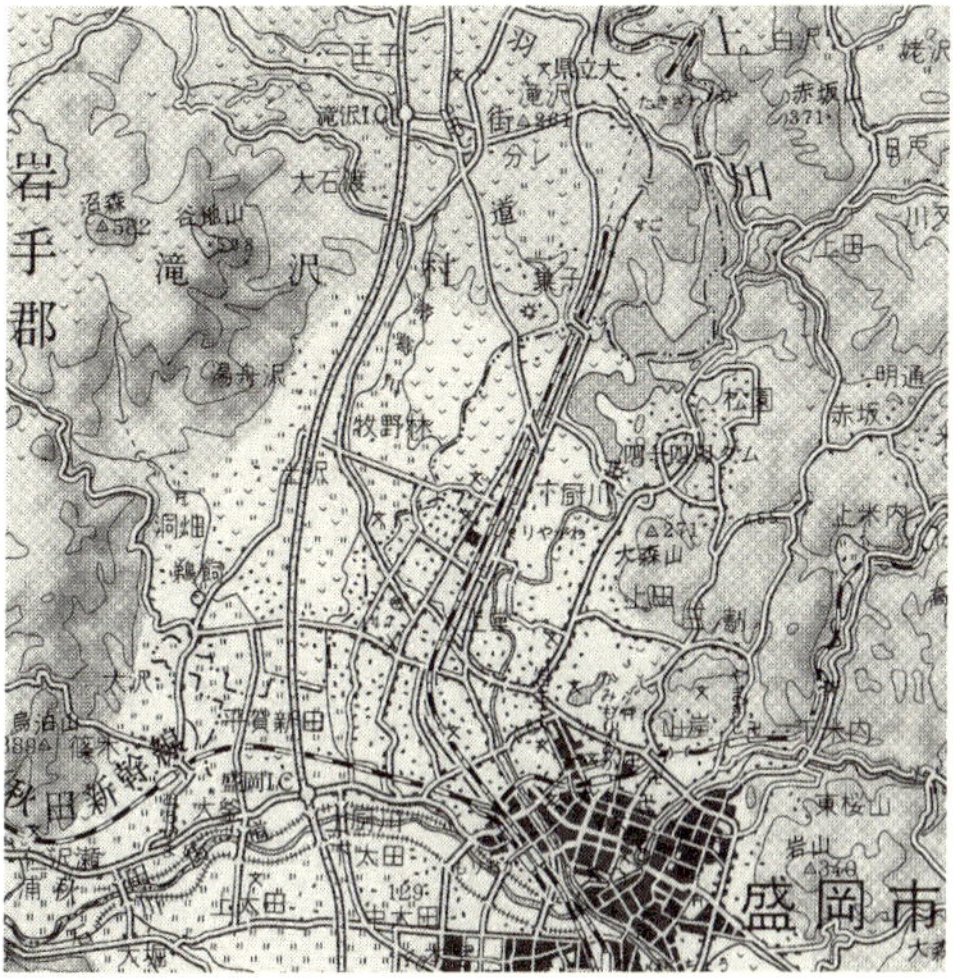

日本最大5.5万人を擁した岩手県滝沢村（現滝沢市）。1：200,000地勢図「盛岡」平成24年要部修正

村が町制施行、または市制施行する際の要件は都道府県によって異なり、具体的には人口総数だけでなく中心市街地の人口密度や、その地区が占める人口割合、都市的施設が一定以上であること、また都市的職業に就いている住民の割合が一定以上

などが定められていたが、平成の大合併が行われた頃からはそれが有名無実になり、どんなに人煙稀な山奥を多く含んでいても市になることが珍しくない。村の「特権」として最も知られていたのは自動車の車庫証明が不要、というものだったが最近では例外が多く、岩手県の滝沢村は事実上盛岡市の近郊都市であるため、車庫証明は以前から必要だった。

さて、町というのは日本では行政区画としての市や町にかかわらず「市街地」の意味で用いられるが、町という漢字はもともと耕地（田）に釘《くぎ》（丁）を打ち込んで画した畦《あぜ》道《みち》や耕地の境界を意味していた。それが後に「区画」から転じて市街の意味になったのである。そのため地名によっては農村部なのに昔から「町」と称していた地域が多い。たとえば上町であれば、段丘の上に広がっている畑を意味していることがあり、江戸時代には「上町村」などと表示された。「〇〇町村」という地名は全国に意外に多いが、マチが耕地を意味しているから矛盾はしていない。

◆住所と地名の階層構造

地名というものは、日本国内に限らず必ず階層構造を持っている。「地球」という地名の大きなエリアがまずあって、次にアジアや南米といった大陸レベルの呼称があり、その中にそれぞれの国がおさまっている（もちろん宛名に「アジア」とは書かないが）。国の中には州や県があり、その中には場合によって郡をはさみながら市町村という基礎自治体があり、その下に小さなエリアや通り名という最小範囲の地名が位置づけられている。

特定の場所を示すのが「住所」であるが、その書き方はもちろん「地球」から始めたりはしないが、大きな地名から小さな地名、もしくはその逆の小から大、という具合に地名階層の順に記していくのが基本だ。

次の住所をご覧いただきたい（特記以外はすべて当該自治体の区市役所・町村役場）。

①東京都大田区蒲田五丁目一三―一四
②福岡県朝倉市菩提寺《ぼだいじ》四一二―一
③埼玉県比企《ひき》郡嵐山《らんざん》町大字杉山一〇三〇―一

④福島県西白河郡西郷《にしごう》村大字熊倉字折口原四〇

①は東京都の特別区のひとつである大田区にあり、蒲田五丁目という「住居表示法」に基づく住居表示が実施された町のエリアである。住居表示はあくまで「地点特定のための表示」であって、地籍を示す地番とは別立てなので、地番は別に存在する。しかし、日常的には住居表示ですべて事足りるため、住民はたいてい地番を覚えていない。このあたりの事情は通り沿いに番号を振った住居表示を用いる欧米でも同様だ。

蒲田五丁目一三―一四は、しばしば蒲田五―一三―一四と表示されるが、基本的には「五丁目」までが町名である。この三組の数字は住居表示済エリアに典型的な表示方法であるが（丁目の設定されていないところでは二組の数字）、いわゆる「ブロック地番方式」で街区を親番号とする町名地番整理が行われた区域でも同様の表示となるので、表示だけではわからない。

②は市の下に大字の地名があって、その後に地番という、地方都市などでは最も一般的な表示である。大字とは明治二二年（一八八九）に町村制が施行される以前の「村」

にあたり、これは江戸時代の幕藩体制下で用いられてきた村ということから、「藩政村」と呼び、町村制における「行政村」とは区別している。③は町村における同様の例だ。②③の例で大字の後にすぐ地番が来ているのは、かつては小字にあたる区分があったにもかかわらず、地租改正時に藩政村（大字）ひとつを地番区域としたため、小字がなくても地点が特定でき、日常的に省略されているうちに小字が正式に廃止された場合が多い。

これに対して④は地租改正の時に地番が小字ごとに振られたため、小字を省略することができないため現在でも表示しているものだ。要するに小字の数だけ一番地や二番地が存在するためである。中には地番区域が大字なのに律儀に小字の表記を残している地域もあるが、そのケースは少なくなっている。

⑤新潟県上越市板倉区針七二二－一

⑥滋賀県高島市新旭町北畑五六五

平成の大合併後に、合併以前の旧町名（マキノ町）を冠した住所表記。1：25,000 地形図「海津」平成 25 年調整

この二例は平成の大合併で目立つようになってきた。「地域自治区」を示しており、⑤の区は政令指定都市の行政区とは異なる（例は旧板倉町役場、現在は上越市板倉区総合事務所）。広域合併の弊害とされる「旧町村地域の声が中央に届きにくくなる」という懸念に応えるため設定されたもので、地元住民からなる地域協議会が置かれている。

⑥は高島市が誕生した際に旧町村名をそのまま大字レベルの地名の頭に冠する形としたもので、これは全国各地で「昭和の大合併」の頃から目立つよう

になってきた。⑥の旧住所は滋賀県高島郡新旭町北畑五六五（新旭町役場）であったから、住所レベルでは「郡」を「市」に変えるだけで済んだ。

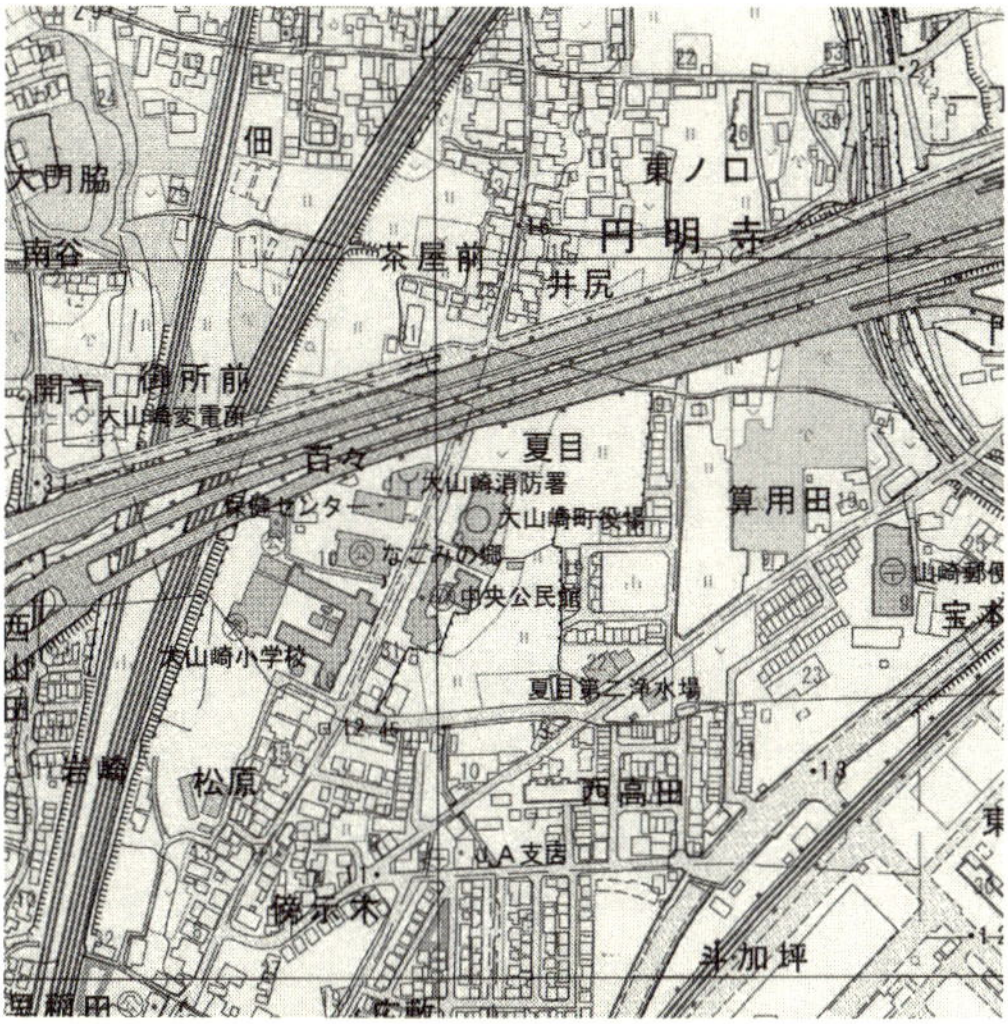

「字-小字」を使う。京都府乙訓郡大山崎町（右上の円明寺が字、その下の井尻などが小字）。1：10,000 地形図「淀」平成15 年部分修正

最後に例外的なものを挙げておこう。

⑦岐阜県美濃市一三五〇
⑧長野県諏訪郡原村六五四九-一

⑦はかつて武儀《むぎ》郡上有知《こうづち》町が明治町村制で誕生した際、隣接の村と合併せず単独で町政施行した経緯から「大字」を設定す

る必要がなく、町内は地番だけで地点の特定ができた。その後の合併でもこの旧上有知町エリアは大字を設定しなかったので今に至っている。このような例の多くは、その後の合併で新たに町名（たとえば「中央」や「本町」など）が設定されて解消されたので、あくまで少数派だ。

⑧も同じく町村制施行の際に大字が設定されなかった事例だが、長野県の特殊事情で、町村制に先立つ地租改正の頃に大合併を行ったため、地番区域が非常に広くなり、その後たまたま合併しなかった場合はこのような住所が続いている。筆数は必然的に多く、県内では五桁の地番も珍しくない。

〈用語解説〉

・**大字**　原則として江戸時代の村（藩政村）にあたる。明治二二年（一八八九）の町村制による町村が誕生した後、その範囲を大字と呼ぶことになった。

・**小字**　大字をさらに細分化した行政区画。単に「字」とも呼ぶ。江戸時代から続く貴重な歴史的地名も多いが、明治に入って統廃合された際に新しく命名された地名もある。

・**地番区域**　ひと連なりの地番が振られている区域。大字（旧藩政村）であることが多い。地番の振り方は原則として区域の端（北東や南西など）から地続きに順をおって振られていく。数字の並び順はジグザグに蛇行しているのがふつう。小字がある場合はその小字ごとに数字がまとめられる（字大川は一～五三番、字山田は五四～一一六……など）。まれに地番区域が小字（字）であるケースもある。

・**ブロック地番**　道路などで囲まれた区域を一つの親番号として、個々の家屋を支号（枝番号）とする町名地番整理の方式で、戦前から行われている。たとえば〇〇町三‐五‐七と略記される場合、三丁目五番（ブロック地番の親番地）の七（枝号）を意味する。

・**住居表示**　分筆（地番を分けること）が数多く行われるなどして地番の並び方が複雑になりすぎた区域が特に高度経済成長期に激増、それらの地域の住所の表示を明確化するため、昭和三七年（一九六二）に「住居表示に関する法律」（住居表示法）が制定された。「住居表示」は土地の分割・統合に影響される地番とは別に決められたシステムなので、原則として永久に変わらない。住居表示の実施にあたって既存の町名を統廃合するケースが多かったため、歴史的地名が多く失われた。

◆イロハ、甲乙丙の地名

愛読書は『全国市町村要覧』です、などと言えば変人扱いされるのは当然であるが、この本には全国の市町村の人口、面積から市長の名前まで、いろいろなデータが満載だ。中でも私が注目しているのは「役所役場の位置」。各地の特徴ある住所を見ていると、画一化されたと言われて久しいこの日本も、意外に多様性に富んでいることがわかる。

たとえば石川県。この県も平成の合併でだいぶ市町村数は減ったものの、個性ある住所が目立つ。住所の地名の後に記されたイロハである。七尾市袖ヶ江町イ部二五、加賀市大聖寺南町ニ四一、羽咋《はくい》市旭町ア二〇〇、かほく市宇野気《うのけ》ニ八一、津幡町加賀爪ニ三、穴水町字川島ラ一七四。ひらがなでは宝達志水《ほうだつしみず》町子浦《しお》そ一八—一。

これら市役所、町役場の住所は、いずれも大字の地名の後にイロハ……が付いているのだ。要するにイとかロは小字と解釈できる。明治初期に行われた地租改正では全国で旧来の小字（小名《こな》）の整理統合と地番の設定が進められたが、その方式は県によって異なり、旧小字の中から代表的なものを選んだり、複数の字の頭文字を並べて合成地名とするのが一般的であった。場合によっては字名の決定にあたって揉《も》めることもあったようだ。

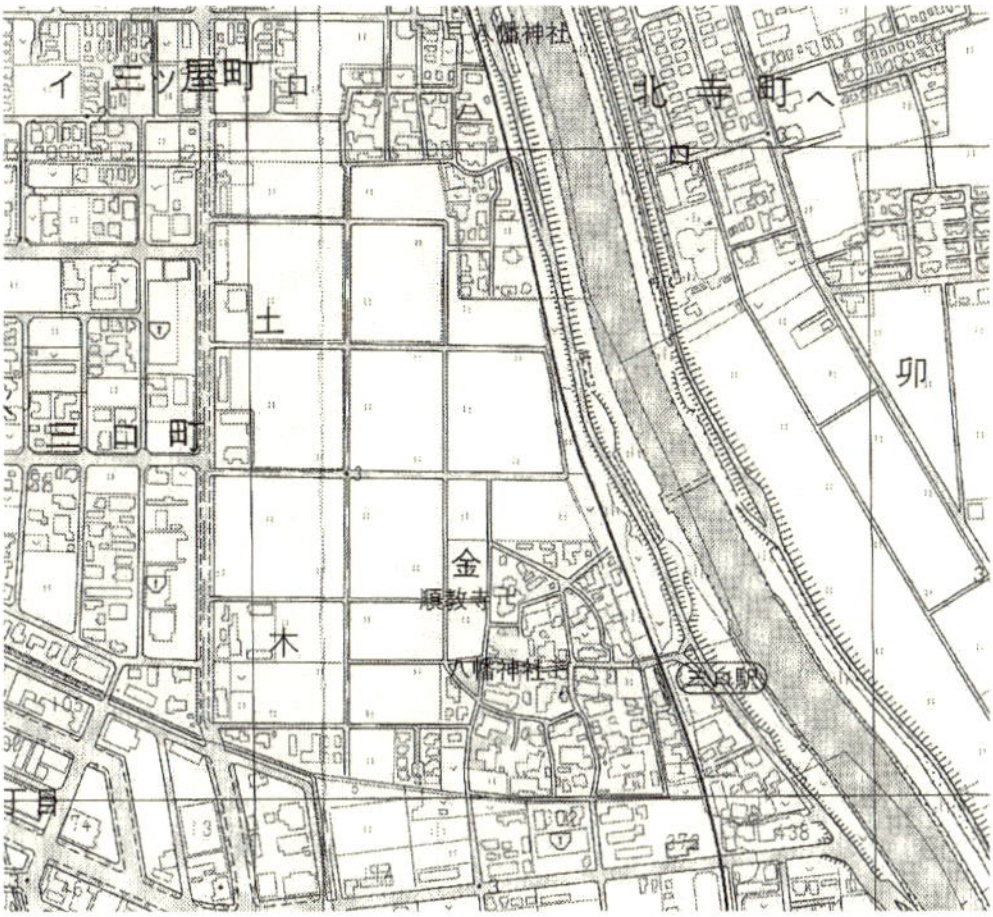

三ツ屋町はイロハ、三口町には木火土金水などの「符号小字」がある。1：10,000 地形図「金沢」平成２年編集

石川県庁が具体的に町村にどんな指示をしたかは知らないが、おそらく「どの字を残し、どの字を消すか」という難しい作業に伴う混乱を回避するため、字名を機械的にイロハで割り振ってしまったのではないだろうか。しかも地番がその小字ごとに一から振られたため、イロハなしでは場所が特定できず、今も多くが残っている。県内には他にいくつかバリエーションがあって、金沢市三口《みつくち》町の木《もく》・火《か》・土《ど》・金《ごん》・水《すい》（五行）、今昭《いましょう》町の甲《こう》・乙《おつ》・丙《へい》

などが用いられている。

石川県のイロハなどがあくまで小字の区画であるのに対し、江戸時代の「村」にあたる大字レベルでイロハを使ったのが千葉県の一部だ。昔の千葉県の方針だったのかもしれないが、たとえば旭市役所は「ニ－一九二〇」（ニの後のハイフンは縦に漢字で書いた場合の誤読を避けるためだろう）、匝瑳《そうさ》市役所は「八日市場ハ七九三－二」である。

このうち旭市の前身である海上《かいじょう》郡旭町は明治二二年（一八八九）町村制施行時に網《あじ》戸《と》・成田・十日市場・太田の四村が合併して誕生した新しい地名で、その際に四村は網戸→イ、成田→ロ、十日市場→ハ、太田→ニという具合に置き換えられてしまった。旭という自治体名そのものが「旭日昇天《きょくじつしょうてん》の勢いで発展することを願って」命名された新しい瑞祥《ずいしょう》地名であり、すべて気分一新したかったのかもしれない。旭市のイロハは今も現役ではあるけれど、バス停には網戸上宿、十日市場など旧地名も少しは残っているので、生活の中では通称地名として併用されているようだ。

千葉県平《へい》郡佐久間村（現鋸南《きょなん》町）も同じく明治町村制の施行時に佐久間下、佐久間中、奥山、大崩《おおくずれ》の四村が合併して誕生した行政村だが、やはり四村をそれぞれ大字イ、ロ、ハ、ニに置き換えてしまった。しかしその六六年後の昭和三〇年（一九五五）には中佐久間、上佐久間、奥山、大崩に戻している。厳密には佐久間下が中佐久間、佐久間中が上佐久間に「グレードアップ」してはいるけれど、いずれにせよイロハに馴染めない住民の声があったことは間違いない。千葉県内には他にも八街《やちまた》市八街ほ三五―二九、香取市佐原ロ二一二七（いずれも市役所）という地名があるが、こちらは石川県と同じ小字レベルである。

　長崎県の島原半島に目立つのが甲乙丙の「十干《じっかん》」だ。半島を構成する雲仙市、島原市、南島原市に一八もの「甲」が存在している。できたのはやはり明治二二年の町村制施行の時で、かつてはこの全域が南高来《たかき》郡であったことから、おそらく郡役所に甲乙丙を熱心に勧めた担当者がいたのだろう。このうち最も種類が多いのは雲仙市神代《こうじろ》と同市瑞穂町西郷で、こちらには甲・乙・丙・丁・戊・己・庚・辛の八つずつが揃っている。住所の表示としては「雲仙市神代甲」とか「雲仙市瑞穂町西郷丁《てい》」などと書く。しかし、これらの甲乙はイロハと同様に住民にはあまりピンと来ないようで、またエリアが広いので、公民館の名前は、たとえば南島原市口之津町には中世の国際貿易港の名残をとどめる唐人町公民館をはじめ、真米《まごめ》公民館、貝瀬公民館など小字の地名を使っている。

東京都青梅市は、中心市街地の住所表示が長らく「青梅市大字青梅」であったが、平成一〇年（一九九八）に小字名をほぼそのまま利用して住江町、仲町、本町、森下町、天ヶ瀬町、裏宿町、大柳町、上町、滝ノ上町に細分化した。ただし地番は変えていないので、たとえば青梅図書館の住所も「青梅市青梅二六八-九」から「青梅市仲町二六八-九」とわかりやすくなっている。長野県小諸《こもろ》市でもそれに先立つ昭和五七年（一九八二）にイロハだった中心市街地に、城下町時代の町名である荒町や紺屋《こうや》町などの名を復活させている。同じ信州でも中心市街をあらかた「中央○丁目」に変えた上田市とは対応が正反対だ。

明治の町村制から数えても一二〇年余りを過ぎた甲乙丙やイロハの「符号地名」。そろそろ地元住民に寄り添った地名にバトンタッチする頃合いなのかもしれない。

〈用語解説〉

・干支《えと》　甲《きのえ》・乙《きのと》・丙《ひのえ》・丁《ひのと》・戊《つちのえ》・己《つちのと》・庚《かのえ》・辛《かのと》・壬《みずのえ》・癸《みずのと》の「十干」と子《ね》・丑《うし》・寅《とら》・卯《う》・

辰《たつ》・巳《み》・午《うま》・未《ひつじ》・申《さる》・酉《とり》・戌《いぬ》・亥《い》の「十二支」を組み合わせて年代・時間・方位などを表現する。古代に中国から伝わったもので、アジアに広まっている。

◆小字の地名を観察する

市町村の中にある「大字」とは原則として明治町村制が施行される以前の村（藩政村）であるが、それを細分化したものが小字（字）である。小字という用語はおそらく大字と区別するために「小」を付けたものらしく、正式には「字」と称する（京都府の一部には正式に「小字」と称する地域も存在）。小字が日本にいくつあるのか、どこでそれを把握しているのか存じ上げないが、少なくとも数百万という単位（一説には一千万を超えるとも）であることは間違いない。

小字には歴史的な小地名が多数含まれていることは確かであるものの、明治六年（一九七三）以降に全国的に行われた地租改正に際して地番が振られた都合で、江戸時代以来の小地名（小名、下げ名、垣内《かいと》など狭いエリアの地名）が整理統合されたものも多い。整理する理由は、地番を付ける際に小字の形状があまりに細長かったり極端に小さいなどの不揃い、もしくは飛地をなるべく避けたい事情などがあったようだ。

新しく整理統合した字の名称については、旧地名の頭文字を合成したものやイロハや数字等（ハノ割、第三号、第五地割、乙耕地など）を用いて単純化したもの、瑞祥地名（縁起の良い言葉、たとえば千歳や栄など）などさまざまだ。このうち「イロハ」などについてはすでに取り上げた。

それでは、記号的ではない一般的な整理統合とはどのようなものだろうか。実例として神奈川県南多摩郡野津田《のづた》村（現東京都町田市野津田町）を挙げてみよう。冒頭が小字名、カッコ内が江戸時代以来の小名である。

並木前（図師界・関ノ上・甲塚・河内）
関ノ上（上ノ町・下ノ町・関ノ上・関前・川端）
本村（中尾・前田・本村・中村）
中村（焼部前・山下・ソリメ《しめ》）
松葉（松葉前・焼部・飛尾・松葉・前場塚・的場）

並木（東平・半沢・並木）
（以下略）

野津田村の場合、これらを含めて全部で約七〇の小地名が二一の小字に整理統合された。この村では多くの小名の中からおおむね代表的なものが選ばれたようで、このような場合は歴史的な小名はかなり保存される。

ここは町田市街の北郊に位置し、かつては緩やかな起伏をもつ多摩丘陵に谷戸が入り込んだ典型的農村であった。にもかかわらず異彩を放っているのが「上ノ町」「下ノ町」の地名である。ここで言う町は市街地を表わす現代語ではなく耕地のことだろう。もともと町という漢字は「畑のうね」「田のあぜ」もしくは「田の境界」という意味である。それが後に「道で区画された市街地」に転じたようだ。全国的に見ても、家が一軒もない耕地のまん中に町の付く小字があるなら、耕地関連の地名と見て間違いなさそうだ。

小字の大きさは自治体によってまちまちで、大きなものは平方キロ単位のものから、小はたった一坪ほどのミニサイズまで千差万別だ。このためひとつの大字に含まれる小

表示された愛知県一宮市の小字名。中央付近に見える「往還北」などは地租改正以降の字名として典型的（右上の萩原町中島、左下の萩原町西御堂は大字）。1：10,000 地形図「国府宮」平成6年修正

字の数も数個から数百までと幅がある。

たとえば福島市の旧市街から阿武隈川を隔てた大字の渡利は、ざっと一〇平方キロほどの大字で、川沿いの低地から山地や谷間を含む地域にあるが、ここには二三七もの小字があり、低地の集落にある小字は一～二ヘクタール程度の小さなものが主流だ。

字番号順に書き出してみると、岩下・金山下・丸滝・山ノ下前・山ノ下・台畑・天

神・城向・上河原・大久保・小久保・柳小路・転石・弁天山・椿館・越沢・後田・薬師前・薬師堂・馬場。これでようやく二〇番までであるが、傾向を概観してみると、まずは山とか久保（窪）、河原などの地形、田畑などの耕地関係から薬師や天神などの宗教関係、目印となる石、それに加えて方角や位置関係を示す上下や前後の組み合わせなどが多くを占めている。

これが山奥の小字になれば大半が山や沢の名、欠下《がけした》（崖の下）など地形関係が大半となり、「烏帽子《えぼし》森」のように山を意味する「森」の字が目立つのも東北地方ならでは。また東の方の広い谷間には鍛冶《かじ》ヶ原・鍛冶ヶ原前・金山など、かつて鍛冶や製鉄が行われていたことを示唆する地名が集まっていたりするのも興味深い。

福島県（一部を除く）は小字ごとに地番が振られている珍しい地域で（他には愛知県の一部など）、このため現在でも小字がなければ位置が特定できず、少なくとも明治初期から存在する小字は現役で使われている。少々不便かもしれないが、「無形文化財としての地名」を保存するには格好の土地でもある。

◆非歴史的な小字

ひとつの大字に所属する字の数は地域によって大幅に異なる。中にはわずか数個しかない場合から、多いものでは数百に及ぶものまでさまざまだ。しかし字の細かさは人口密度に比例するというわけでもなく、無人の耕地が続くエリアの中が細分化されていることもあれば、逆に人口が多いのにひとつの字が広域であったりもする。

全国各地に存在するこれら膨大な数の小字は、市制施行に伴う新たな町の設定や町名地番の変更などにより完全に廃止されたものも都市部を中心に多いが、それでも全国にはまだまだ多くの字が残っている。ただしよく観察してみると、何百年と続いてきた歴史的地名がある一方で、明治の地租改正の際に整理統合されたものも非常に多い。字一号、字二号、字三号などの数字化されたものや、甲乙丙やイロハで命名される場合が各地に多く存在することはすでに述べたが、それほど大胆に「記号化」されてはいないものの、地租改正時の整理統合で誕生したものの中から、全国で比較的多く用いられている種類の字に注目してみよう。

まず目立つのが道路名にちなむ字である。たとえば東京都東久留米市がまだ北多摩郡久留米町であった頃の大字前沢には一一の字が存在したが、そのうち五つは府中道西・滝山道・布田《ふだ》道西・大道西・久米川道南と、道路名に関係するものであった（次ページ図参照）。大字柳窪新田に至っては字の全部が道の関連（東京道北・東京道南・村山通道南・村山通道北・市海道）。

これらはいずれも地番を振る都合上、主要な道路に沿って土地を縦横に切り分けてその区画を便宜的に命名した印象であるが、以前はおそらくもっと詳細な地名があったに違いない。しかし旧来の字名のどれを保存して、どれを捨てるかを調整するより、「道のどちら側であるか」でバッサリ切ってしまった方が後腐れがない、という理由なのだろうか。いずれにせよ「東京道」という名の字があることにより、この小字が地租改正以後の命名であることを如実に物語っている。

ここで字に採用された道の名前はしばしば現在の呼称と異なるため、明治初期の道の復元作業をするには大きなヒントとなる。前述の大字前沢の「滝山道」も、かつて北条氏の居城であった現八王子市の滝山城（直線距離で一七キロ）へ向かう道にちなんで名付けられたものだ。その小字に昭和四三年（一九六八）にできた団地は「滝山団地」と

地租改正後に整理統合された字には道を名乗るものが目立つ地域も。1：25,000 地形図「吉祥寺」昭和 41 年改測

名付けられ、同四五年には正式に滝山一丁目〜七丁目という町名が誕生している。滝山道は滝山へ向かう道であり滝山そのものではないのだが、まるで地名が引っ越したかのような形となった。ついでながら川崎市中原区も中原街道（平塚市の中原へ向かう道）に由来する旧中原町がルーツだ。

もうひとつ多いのは「耕地」という字名である。東京都足立区の旧西新井村はすべての字の末尾に「耕地」が付いており、たとえば大字興野《おきの》は沼耕地・沼向耕地・栗原前耕地・細田耕地・薬師後耕地・村後耕地・西耕地・村内耕地・東耕地となっていた。江戸時代にも「耕地」のついた字の分布している地方はあるが、爆発的に増えたのが明治の地租改正の時である。川崎市多摩区の大字登戸に甲耕地・乙耕地・丙耕地・丁耕地〜癸耕地まで十干が全部揃っていたのも、いかにも地租改正関連の小字らしい。

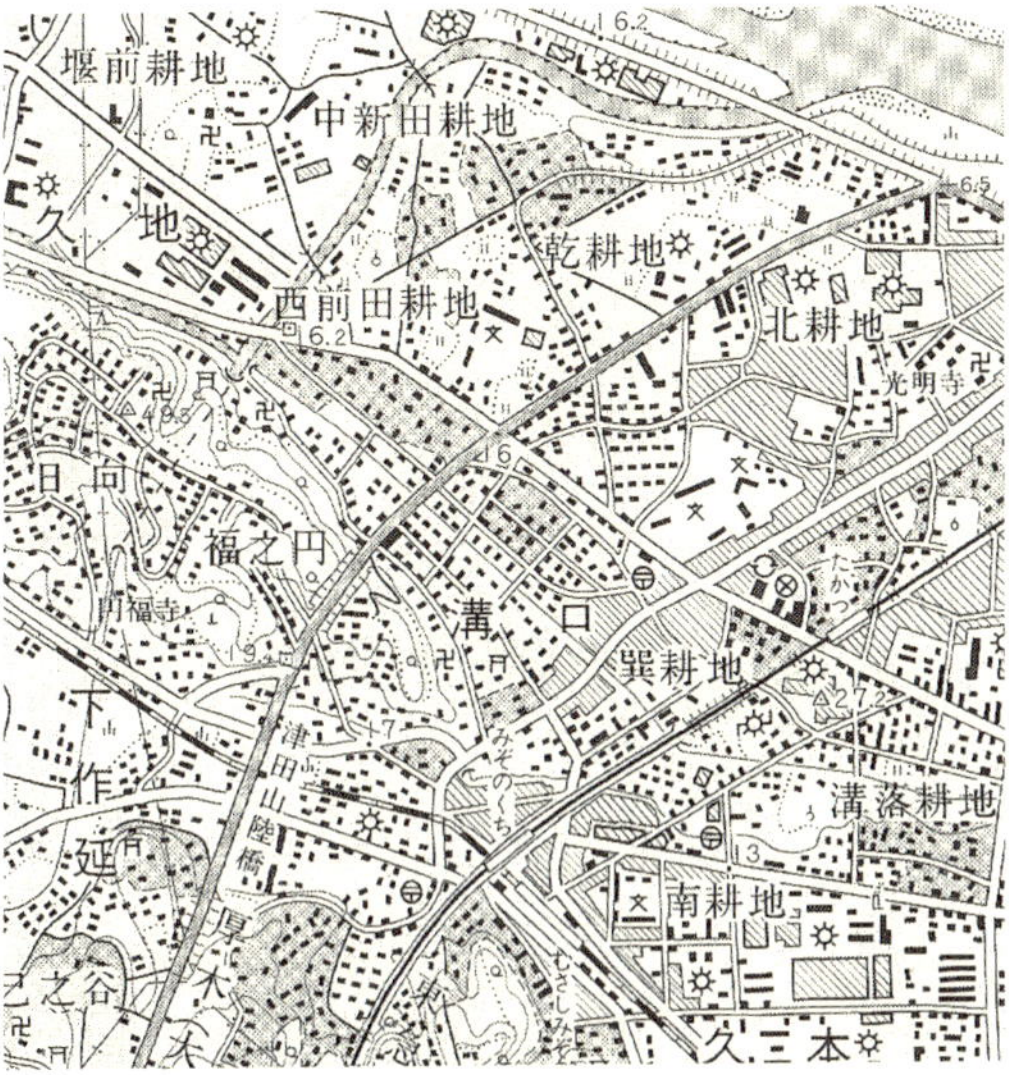

明治以降にできた「耕地」の字が目立った川崎市の溝口付近。乾や巽は方角を示す。1：25,000 地形図「溝口」昭和 45 年修正

　民俗学者の柳田國男は『地名の研究』（昭和一一年）で地租改正以来の字を取り上げ、新規に名付けた理由を「往々にして家々の呼ぶところが一致せず、

訴訟紛紜《ふんうん》の種となりやすいために地租改正を機として区劃《くかく》を整理しかつ断然新たな地名と取り換えたのであろうと思う」と推察、中でも意表を突いた命名の具体例を紹介している。

その「頓狂な」事例として挙げられた福井県三方郡八村《やむら》（現三方上中郡若狭町）の大字気山《きやま》の字が印象的だ。若狭《わかさ》の三方五湖の近くのエリアであるが、玉切追《きりよう》・尾切追・山切追・自切追・湖切追・移切追・景切追・色切追・誠切追・善切追というもので、頭文字をつなげると「玉尾山より（自）湖に移り景色誠に善し」となるのだそうである。同様に兵庫県有馬郡藍《あい》村大字下相野（現三田市）の小字は文明田・開化田・敬田・神田・愛田・国田すなわち「文明開化敬神愛国」という。

甲乙丙などよりずっと込み入った命名法だが、なんだか開いた口がふさがらない。地名に対する敬意がまったく感じられない雰囲気だが、たとえばしばしば名主をつとめる旧家ではこの土地をAと呼び、それに昔から対抗してきた別の旧家は同じ土地をBと呼ぶということになると、明治の地租改正を前にすぐにでも小字名と地番を決定しなければならない係官としては、きっと調整に頭を悩ましたことであろう。同情すべきかもしれないけれど、江戸期まで脈々と受け継がれてきたであろう地名はもはや知る人もなく、二度と戻ってこないことを考えると、返す返すも惜しいことをしてしまったものである。

◆「丁目」とは何か

東京の銀座という地名は、もとはといえば江戸幕府ができて駿府《すんぷ》（現静岡）から銀貨鋳造所、つまり銀座をここに移したことに由来している。江戸時代の正式名称は新両替町と称し、東海道に沿って一丁目から四丁目があった。江戸期の丁目は、通りの両側に続く町を文字通り一丁（＝一町。約一〇九メートル）ごとに区切ったもので、実際に銀座の丁目の間隔は今も道路幅を除けばその寸法のままである。

その丁目も昭和に入る頃からは、町をいくつかのブロックに分割する際の番号として転用されはじめ、今では本来の意味での丁目はむしろ少数派だ。銀座も昭和五年（一九三〇）、震災復興に伴う町名地番整理により和光のある交差点の南側、かつての尾張町以南が銀座五～八丁目として追加されたのをはじめ、戦後になって銀座東・銀座西を併合してさらに東西に幅広いエリアに拡張されたため、中央通りに面した「間口」が一丁

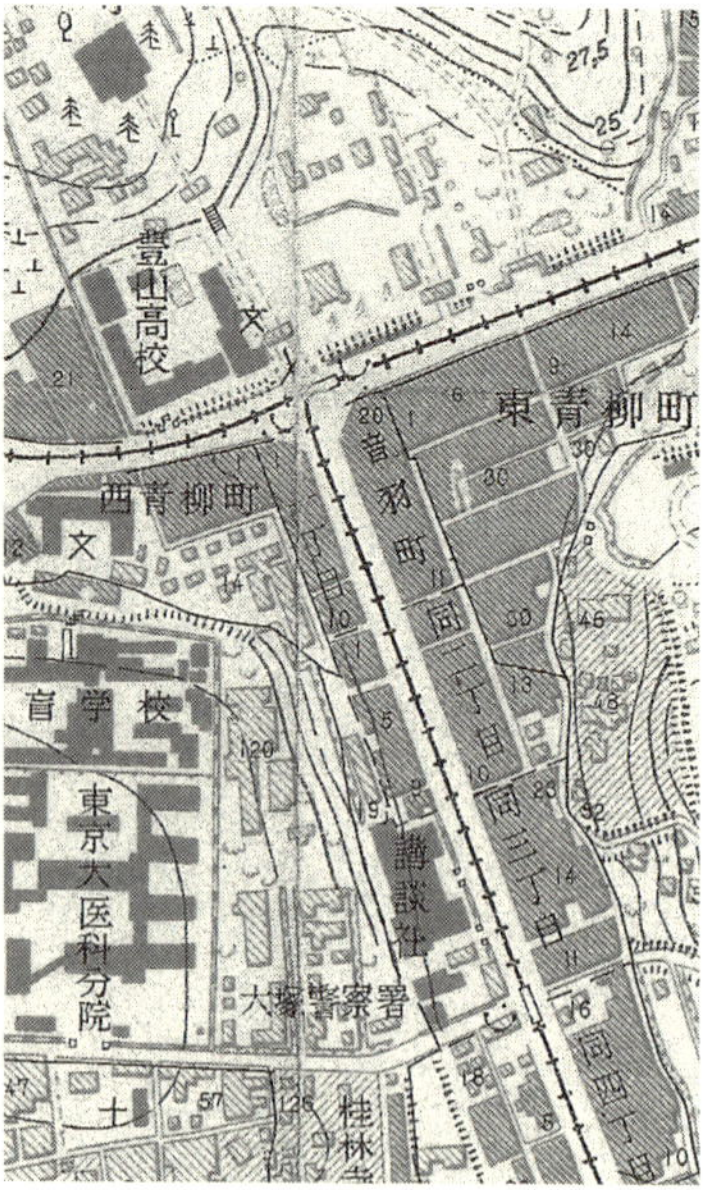

1：10,000 地形図「池袋」昭和 34 年修正×1.2

であるのは変わらないけれど、奥行きは従来よりはるかに長くなっている。

このように変貌しつつあった丁目は、昭和三七年（一九六二）に施行された住居表示法の実施によってブロックの区分名として全国に広まっていく（大阪府堺市だけは宿院町東一丁、甲斐《かい》町西一丁のように伝統的な「丁」を使う。郊外も同じだが、最近編入された美原区は除く）。このため現在の丁目は特定の道に沿う形ではなく、おおむね千鳥式に一丁目↓二丁目……と蛇行しながら振られることが多い。

丁目の起点たる一丁目はたいてい中心市街に近い方で、東京都も同じく都心に近い方からであるが、昭和三八年（一九六三）の「東京都における住居表示の実施に関する一般的基準」で、「都心を皇居と定め、放射状の町は都心に近い点を起点として放射状に進み」と皇居中心が明記された。このため逆転現象の起きた町が文京区の音羽（旧音羽

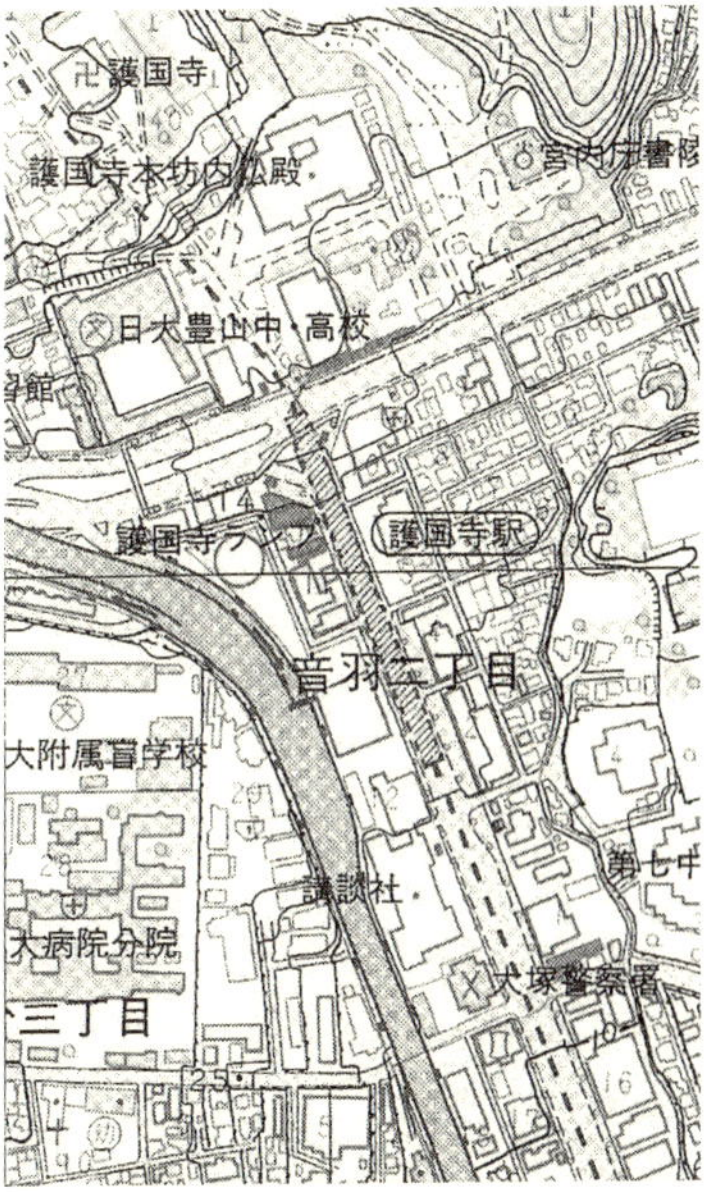

1：10,000 地形図「池袋」平成 10 年修正× 1.2

町）である（二二〇、二二一ページ図参照）。

音羽町は護国寺の門前町として江戸期に南北方向の谷間に沿って街並みが形成されたもので、当然ながら北端の護国寺の山門前が音羽町一丁目で、南端が江戸川橋近くの九丁目であった。ほぼ一町間隔で区切られた伝統的な形である。しかし「皇居に近い方から」という都の基準に抵触してしまうため、昭和四二年（一九六七）に実施された住居表示では、従来と逆に皇居に近い南側を音羽一丁目、護国寺の門前は音羽二丁目とされてしまった。それにしても、戦後になってわざわざ皇居中心に変更したのは奇異に映る。ついでながら、丁目を付ける場合には「町」を外すという、これも都の基準により音羽町も音羽に改められた。

さて、東京都内では「おおむね九丁目まで」とされた丁目だが、最も丁目の数字が大きいのはどこだろうか。私が今まで調べた限り、北海道を除けば京都市東山区の「本町」が一丁目から二十二丁目までで最大だ。五条通に面した一丁目に始まってずっと伏見街道を細長い幅で南下、二・八キロも南の伏見稲荷駅のすぐ近くの二十二丁目に至る。しかも四丁目の南には新五丁目、五丁目の南に新六丁目が入っている。このうち十丁目までは江戸時代から続く由緒あるもので、それ以降は明治二年（一六八九）に東福寺の門前町などが加わって新設されたものだ。

さて、先ほど除外した北海道では「丁目」は別の概念である。たとえば札幌市の旧市街の場合、東西の通り（南北の中心は大通公園）を南五条通、北十八条通などの「条」、南北の通りを西十丁目、東三丁目など「丁目」で座標化、東西・南北の通り名の組み合わせで住所を表示する方式をとっており、たとえば札幌市役所の所在地は「北一条西二丁目」となる。一つのブロックで条・丁目も数字一つずつ割り当てられているので江戸並みに細かく、北は北五十一条（JR学園都市線太平駅付近）まで、南は南三十九条（真駒内付近）に及んでいる。

丁目で最多のところを探してみたら、北海道帯広市に南四十二丁目があった。帯広は条と丁目が札幌と逆で、丁目が東西、条が南北の通りである。日本の丁目ではこのあたりが最多のようだが、アメリカにはもっと数字の大きい「丁目」がある。もちろん丁目という表記ではなく、ニューヨークの東西の通りは「ストリート」。誰が最初に訳したか知らないが、ふつう丁目と呼ぶ。札幌と同じように碁盤目（東西に長い四角形）であり、南から北に向かって順に番号が振られている。南北の通りはアヴェニューで、フィフス・アヴェニュー（五番街）を境に東側に位置するストリートにはイースト、西側はウェストを冠する。

　ニューヨークの一丁目は最南端ではないが、そこから律儀に数字を積み重ねていき、五十九丁目から一一〇丁目に及ぶセントラルパークを過ぎ、マンハッタン島の最北端の西二二〇丁目からブロードウェイを北に渡って西二六三丁目というのが最大のようだ。いかにも植民

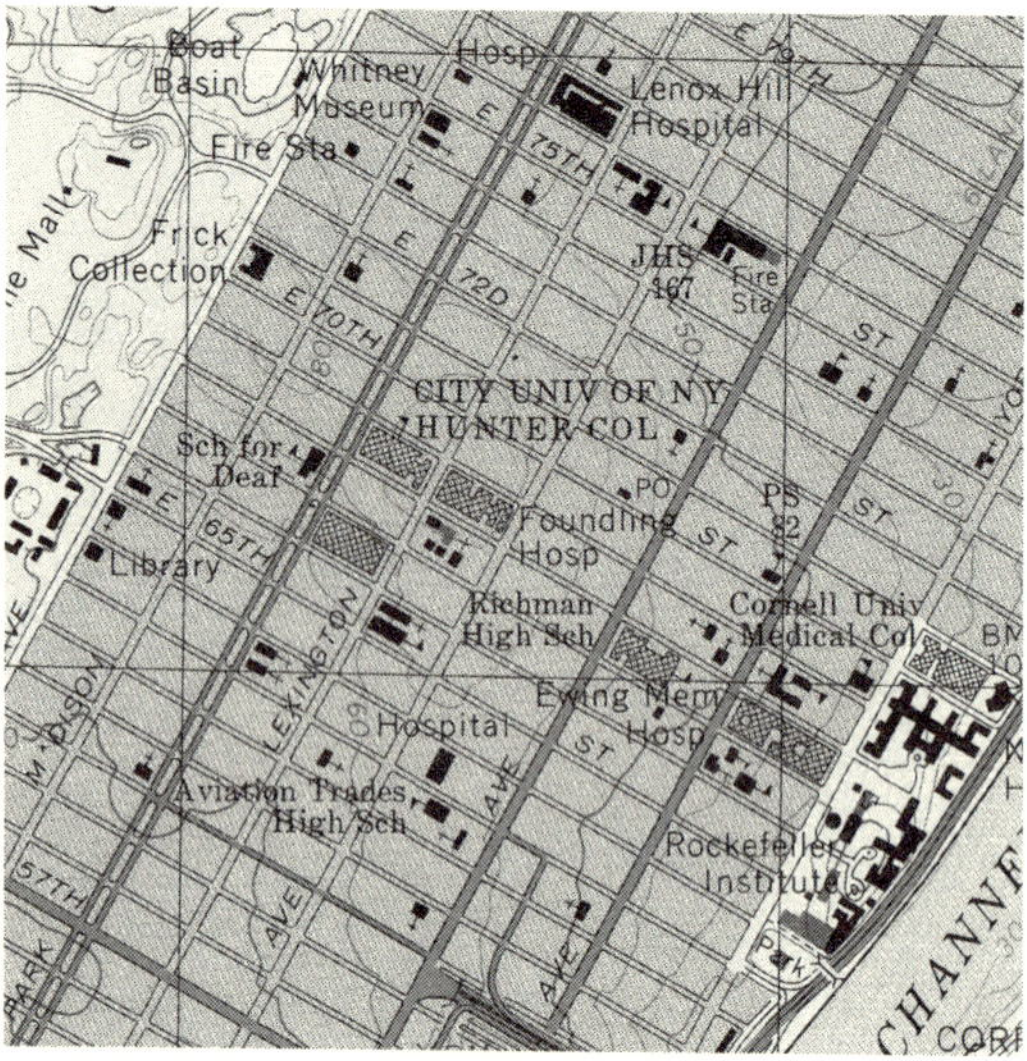

ニューヨークのマンハッタンは丁目（street）が延々と続く。セントラルパーク付近の市街地。米国官製 1：24,000「Central Park」1995 年版

都市らしいが、適宜固有地名が通り名に混じっているところは、やはりそれなりの歴史を感じさせる。ついでながら、台湾でも欧米のような「通り」の住居表示が行われていて、台北市には中山北路二段、南京東路三段と、「段」が丁目の役割を担っている。

◆地番の並び方あれこれ

日本における「地番」は、基本的には地租改正に伴って付けられた。その際にはおおむね大字を「地番区域」とする、つまり大字ごとに一番から四桁程度（まれに五桁）の地番が小字を逐《お》って付けられるのが一般的である。福島県や宮城県、愛知県などの一部地域では小字ごとに一番から振っていく方法（小字が地番区域）が採用された。

地番の付け方は、どこを一番としてどのような回り方で末番をどこにするかといった細かい規定については地域により微妙に異なるようだが、おおむね村の端から始まり、一方の端で終わるものが多い。それぞれの小字の中の地番の大半は地続きで振られており、これは江戸時代の検地の際に、一筆書きのように村を回った名残ではないだろうか。

筆者が住んでいる東京都日野市内の中央部、旧桑田村（明治二二〜三四年に存在）の大字を調べた限りでは、地番が東西南北のどこに位置する小字が先で、またどちらへ向かうかは統一がとれておらず、また古くから集落のある小字が先とも限らないが、おおむね宅地と耕地のあったエリアが先で、その後に新規開拓した台地、最後に川原という順番は共通している。

たとえばＪＲ中央線日野駅と京王線高幡不動駅の間に位置する大字上田《かみだ》では、①字東耕地（一～三九）②字日ノ下（四〇～八六）③字元木（八七～一二八）④字松葉（一二九～三一三）⑤字儘下《まました》（三一四～三三一）⑥字前通（三三二～四四四）⑦字町家（四四五～四九二）⑧字泉塚（四九三～五三九）⑨字高倉（五四〇～五八四）⑩字向島（五八五～六二三）⑪字村前（六二四～六五八）のように付番されており、このうち⑧⑨は台地上の耕作地（飛地）、⑩⑪は浅川が頻繁に氾濫する川原であった。他の大字でも村→台地→川原の順は共通しており、飛地は末番に近いところが多い。そのあたりは地目も大半が山林（薪炭林などとして利用）で、桃太郎のお爺さんのように「柴刈り」の対象などとして入会地になっていた例も目立つ。

都市部の地番はどうだろうか。左の地図は東京都千代田区神田神保町の一万分の一地

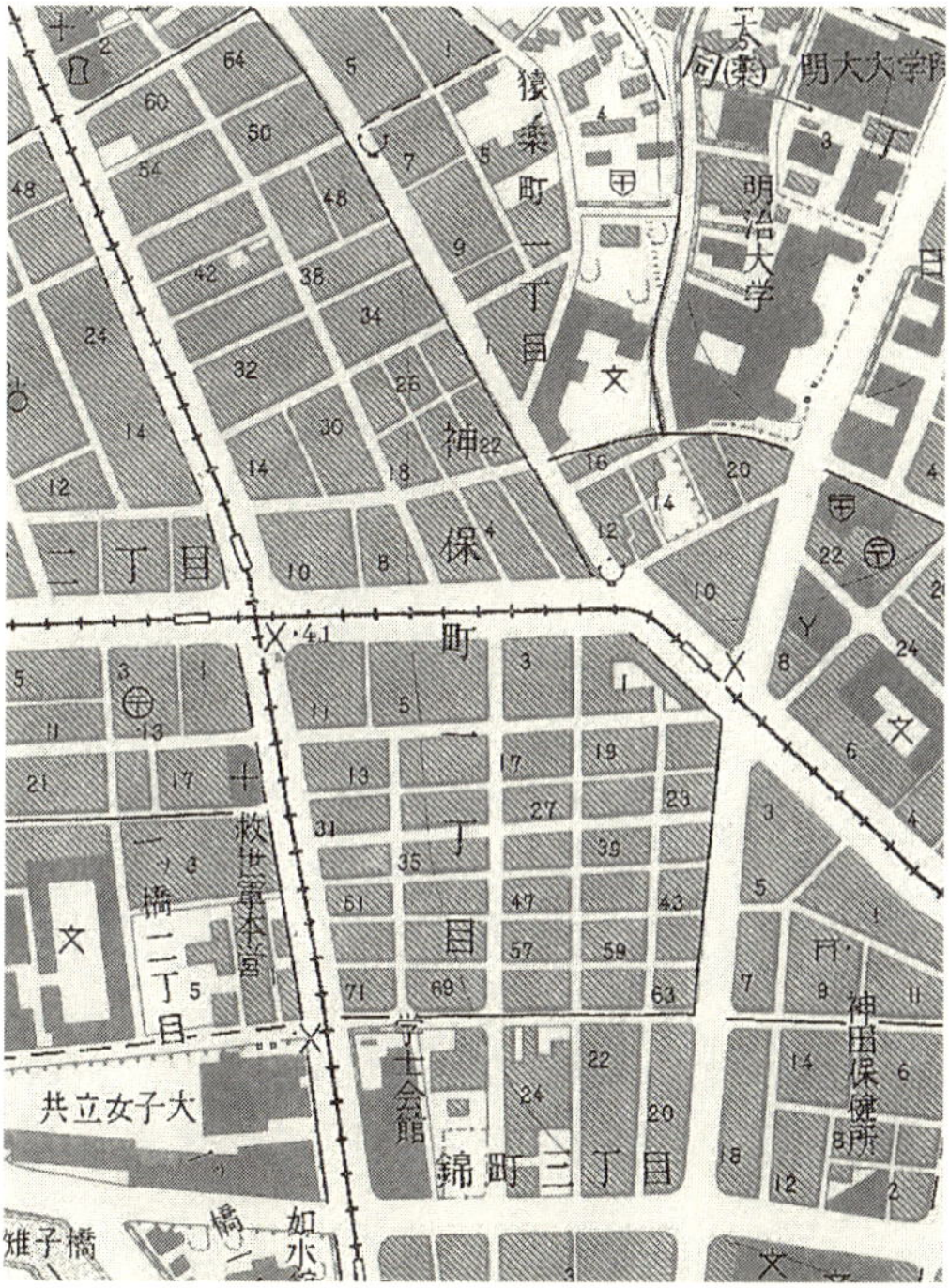

東西に走る靖国通りを境に、北が偶数、南が奇数の地番が並ぶ東京都千代田区神田神保町。1：10,000 地形図「日本橋」昭和 34 年資料修正×1.25

形図である。地番は基本的に現在と変わっていないが、現行の図より見やすいので昭和三四年（一九五九）資料修正のものを揚げた。世界最大の古書店街として知られる神保町は、正式には「千代田区神田神保町」（昭和二二年以前は神田区神保町）であるが、この地域は昭和九年（一九三四）に町名地番整理を行った。関東大震災後に行われた「震災復興事業」に伴うもので、これにより東京市の中心部は江戸以来の町名が大きく統廃合されている。この時に神保町も北神保町・南神保町・表神保町・通神保町（旧裏神保町）の四つの神保町および猿楽《さるがく》町や今川小路などの町の一部を加えてエリアを拡大して神保町一丁目〜三丁目となった。

ここの町名地番整理では一つの街区を一つの地番、以下は枝号（枝番号）とする「ブロック地番」が行われており、付番の特徴としては、図で明らかなように東西に走る靖《やす》国《くに》通りを境に北側に偶数地番、南側に奇数地番が置かれていることだ。通りから離れるほど数字が大きくなっていくので、たとえば四〇番と四一番の間は四〇〇メートルほどにもなるため、この特殊な地番の並び方を知らなければ、迷いに迷った挙げ句に目的地にたどり着けない。この並び方は一丁目〜三丁目すべてに共通だ。

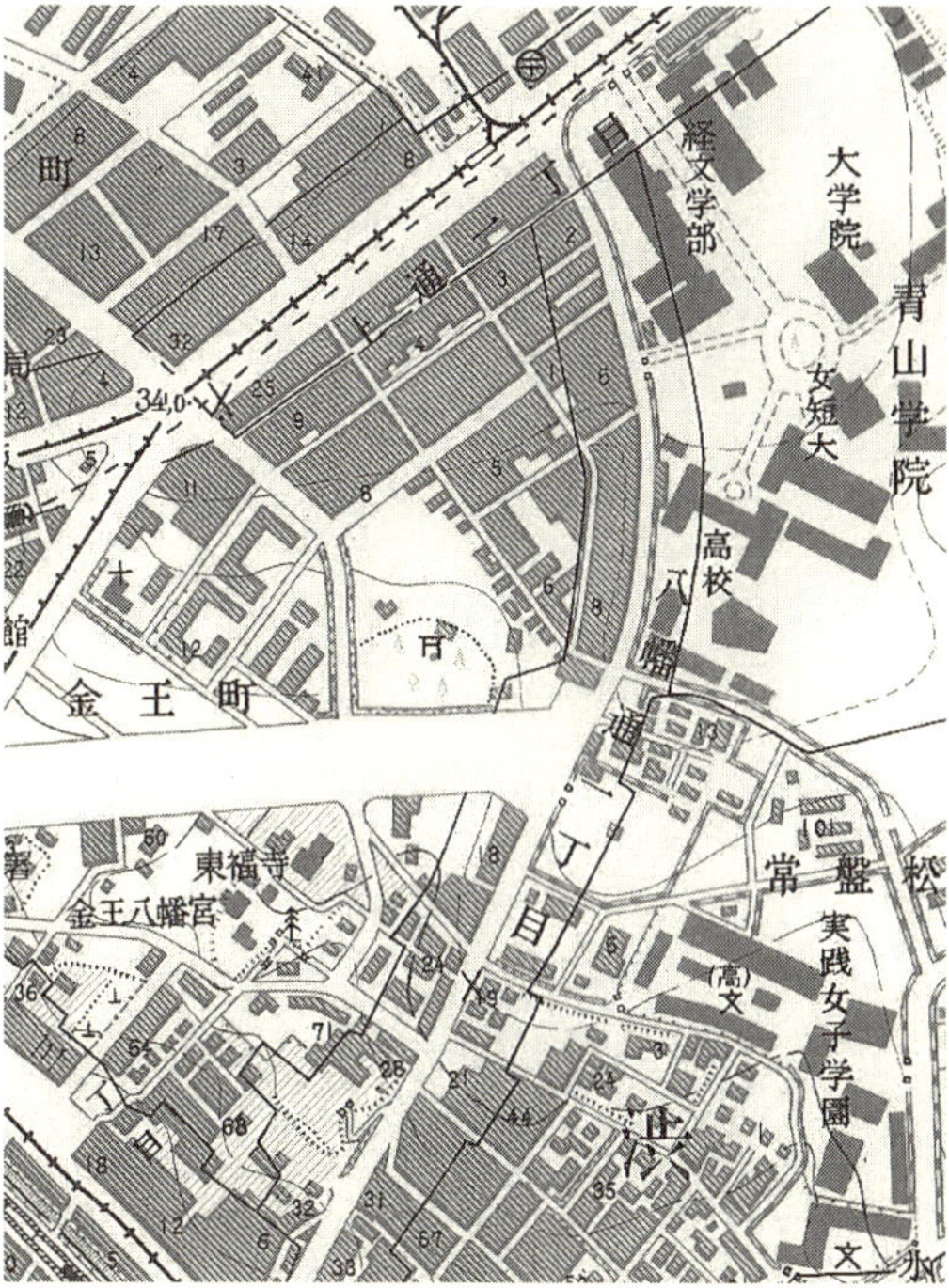

欧米に似せて「上通」「八幡通」などの通りを設定していた頃の東京・渋谷。1：10,000 地形図「三田」昭和 34 年資料修正×1.25

昭和四〇年代には新たに住居表示が実施された地区が増えたため、昨今ではこのような珍しい地番の並び方はあまりお目にかからないが、かつては中央区の銀座や京橋でもこの方式だった。たとえば銀座四丁目は一番が中央通り東側の三越のあるブロック、二番が西側の和光の時計台、三番は再び東側で三越の東のブロック、四番は和光の西側のブロック……という具合だ。

京橋の町でも日本橋寄りから数えて東側に一、三、五番が並び、西側には二、四、六番が並んでいた。これに対して日本橋の北に位置する室町一丁目（三越本店の所在地）では西側に一、三、五番、東側が二、四、六番である。つまり都心＝日本橋から進む通りの左側には常に奇数地番、右側には偶数地番が並んでいた。

これは、たとえばパリの通りのハウスナンバーが「セーヌ川に沿う通りは流水方向、セーヌ川から離れる通りは川に近い方から順に配置し、それぞれ進行方向左側が奇数」という方式で統一されていることを思わせる。日本でも震災復興にあたって合理的な地番の並びが研究されたようだが、結局は欧州に（中途半端な形で）範をとったものとなった。

二二九ページの図は渋谷区の旧町名地番である。こちらは神保町などのケースより欧州の「通り」に近い細長い町が大通り沿いに設定され、上《かみ》通、中通、下通、八幡《はちまん》通、公会堂通などの人工的な町名が付けられた。いずれも地番は通りの両側で奇数・偶数に分けられている。これらは旧地名（たとえば上渋谷、渋谷宮益《みやます》町、青山南町など）の大通り沿いの部分をカットして造り上げられたもので、地名としては歴史がここで断絶している。そんな「実験」が行われた土地柄であるためか、住居表示が行われた昭和四〇年代には、山手線の東側の氷川町や常磐《ときわ》松町などを廃して「東」という記号的な町名も登場している。安易なシステム設計のために歴史的地名が一旦断たれると、安易な地名の改変は歯止めを失っていく。

◆番号順の地名

東北新幹線に乗ると、岩手県から青森県にかけて二戸《にのへ》、八戸《はちのへ》、七戸《しちのへ》十和田と「戸」のつく駅名が連続する。在来線にはこれに加えて一戸（IGRいわて銀河鉄道）と三戸駅（青い森鉄道）があり、自治体としては一戸町（二戸郡）、二戸市、三戸町・五戸町（三戸郡）、六戸町・七戸町（上北郡）、八戸市、九戸村（九戸郡）と、四戸以外は一から九まですべて揃っていて壮観だ。

これらの地名は、中世以前に陸奥国《みつのくに》糠部郡《ぬかのぶ》の中に設けられた一戸から九戸に至る九部（戸）制に由来し、これは郡を九つに分けた行政区分としての意味合いをもっていたようだ。ひとつだけ現存しない四戸は元和《げんな》七年（一六二一）の南部《なんぶ》氏の文書には登場しているから、江戸初期までは確実に存在したようだ。場所は三戸と五戸の間、もしくは八戸市の櫛引《くしひき》にあったという説がある。後者の説は、櫛引八幡宮のかつての別名が四戸八幡宮と呼ばれていたことが根拠だという。

番号の地名といえば東京ではお屋敷街で知られる「番町《ばんちょう》」がある。一番町から六番町がズラリと並んでいるが、半蔵門寄りに英国大使館のある一番町、その西に日本テレビのある二番町、そこから一番町の北側に移動して三番町、四番《よんばん》町と西へ進み、お濠端へ立ち寄ってJR市ケ谷駅のある五番町、そして四番町の西に接して「名門」番町小学校のある六番町が四ツ谷駅前まで続いている。この一帯は江戸期の旗本屋敷のエリアで、当時は堀端《はりばた》一番町、新道《しんみち》一番町、一番町通、表二番町、裏二番町、袋二番町、二番町通

（以下略）などと細かく分かれており、明治以降に何度か「編成替え」が行われた。昭和四年（一九二九）には一番町、上二番町、下二番町、土手三番町……と表裏でなく上下に変わり、現在ようやくシンプルな形で落ち着いている。

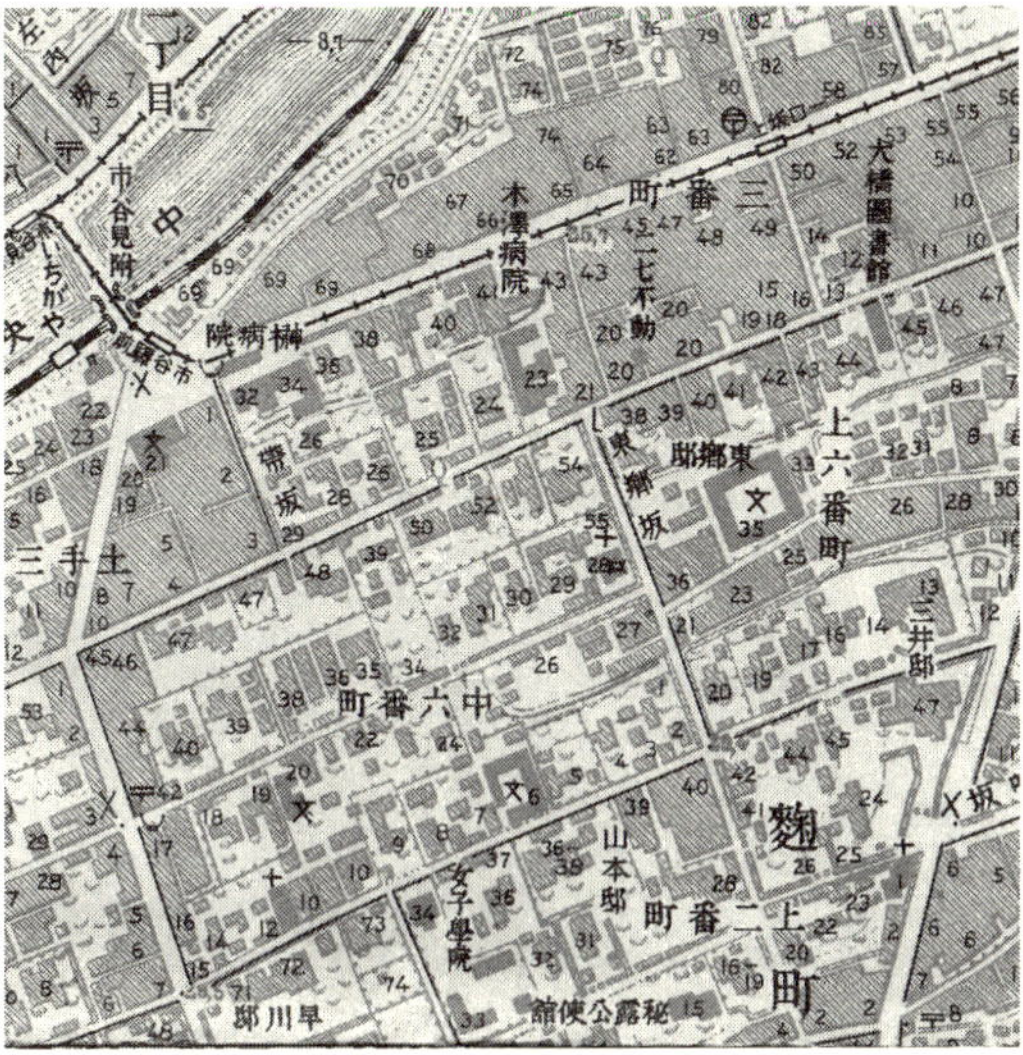

江戸期には旗本屋敷が並んでいた番町。上・中などがあって複雑だった頃。1：10,000 地形図「四谷」大正 14 年部分修正

名古屋市中川区には珍しい「女子《にょし》」の数え地名があって、今は二《に》女子町、四《し》女子町、五女子町、五女子（住居表示済のため「町」なしのエリア）が残っている。かつてはこの他に七女子《ひちにょし》もあった。かつて愛知郡片端《かたば》の里の大領主が、娘七人を嫁がせた先に一女子から七

女子までの地名を付けて支配したことに由来するらしい。このうち七女子は明治一一年（一八七八）に小本村の一部となって消滅した。

千葉県の北部には、明治に入って失業武士の救済のため開墾《かいこん》された下総《しもうさ》台地の「東京新田」があり、これも番号順の地名になっている。初富（鎌ケ谷市）・二和《ふたわ》（船橋市）・三咲（船橋市）・豊四季（柏市）・五香《ごこう》（松戸市）・六実《むつみ》（松戸市）・七栄《ななえ》（富里市）・八街《やちまた》（八街市）・九美上《くみあげ》（香取市）・十倉《とくら》（富里市）・十余一《とよいち》（白井市）・十余二《とよふた》（柏市）・十余三《とよみ》（成田市・多古町）であるが、開拓順に名付けられたので必ずしも隣接はしていない。このうち駅名になっているのは新京成電鉄の初富・二和向台・三咲・五香の四駅、それに東武野田線（アーバンパークライン）の豊四季である。

京都市には平安京以来の条が東西の「通り名」として今も現役だ。御所のある北の方から南に向かって一条通、二条と続き、現在は十条通まである。二条以南はほぼ等間隔であるが、五条通は豊臣秀吉が五条大橋を南側に移設したため、かつての六条坊門通（五条通と六条通の中間）が「五条橋通」と呼ばれ始めた。それが正保《しょうほう》（一六四四〜四八）の頃には五条通と呼ばれるようになったため、四条通と五条通は間隔が広く、逆に五条通〜六条通間は狭くなっている。ちなみに平安京の五条通は現在の松原通にあたる。一条通と二条通の間がちょうど他の二・五倍である理由は、この間に広大な大内裏がはさまれていたためだ。平安京の範囲は九条通までで、十条通は大正初年の都市計画道路として新たに建設されたものである。

あとがき

本書は日本土地家屋調査士会連合会の機関誌「土地家屋調査士」に、平成二四年（二〇一二）四月から毎月連載した「地名散歩」の約三年半分、第一回から第四〇回までをまとめて並べ替え、加筆修正したものである。土地・家屋の登記に際して測量などの調査を行う専門家たちが読む業界誌への寄稿ではあるが、地名の由来を読み解く「地名学」の立場からではなく、どちらかといえば、近代に入って日本の地名がどう扱われているのか、また地名の構造がどうなっているか、といった分野に重点を置いて書いたつもりだ。

連載中は一回ごとの脈絡など考えていなかったが、それを「地名の新書」としてまとめてみると、地名というものが実にさまざまな角度から観察できることを改めて感じた次第である。

そもそも文字を持たなかった原日本人が、大和言葉だけで始めたはずの日本の古代地名であるが、その後は大陸から漢字が入ってきて大きな変化の波にさらされた。新しい「道具」である漢字をどのように活用するか――音符として使うのか、それとも表意文字として使うか。その違いだけでもひとつの地名が多くのバリエーションに変化していったに違いない。時代によっては「縁起の良い字」を用いる流儀が強調されたこともあれば、それが薄れた時代もあり、地名の扱い方は世の中のあり方によっても大きく左右されていく。近世以来の北海道のアイヌ語由来の地名を、日本人たちがいかに「料理」していったかも興味深いテーマだ。

最近になると言語学的に遠い英語などの外来語をカタカナで表記する町名も珍しくなくなってきたし、合併時の「大人の事情」で、旧来の漢字表記の地名をわざわざ「ひらがな地名」に変える場面も目立つ。本書では、行政区画としての狭義の地名（行政地名・居住地名）だけでなく、そこから派生した駅名や橋の名、インターチェンジなども取り上げてみた。その名称の決定にも、やはり地元の人や利用者、そして会社などのいろいろな思い入れが交錯し、時にはぶつかった結果、落とし所を探る場面を経て落ち着いていているはずである。

さて、最近では東日本大震災を機に、地名に関心が集まっていることを実感する。もちろんそれは結構なことであるが、その一方で「この漢字が使われた地名は危ない地盤だ」とか、「かつて津波に遭ったことを示す地名だ」といった我田引水的な見解を安易にメディアに流出させる傾向も目立つのは気懸かりだ。これは本文にも書いたことだが、地名の文字だけを切り取って「土地の安全性」に結びつける風潮は実に危ういものがあり、くれぐれも騙《だま》されてはいけないと思っている。

これだけ複雑で奥の深い地名が多い国であるから、そろそろ地名についての基礎的な教養が確立される時代に入ってもいいのではないか。地名は自分たちだけのものではなく、過去から続き、未来のまだ顔も見ない子孫たちへ引き継いでいくものでもある。地方自治法の第三条に「地方公共団体の名称は、従来の名称による」という、一見謎に満ちた条文がある。これは、ひょっとしたら「地名を安易に変えたらいけませんよ」という、先人たちのメッセージではないだろうか。

末筆になりますが、三年以上にわたって機関誌冒頭のカラーページに連載場所を提供され、今回の書籍化に際して快諾をいただいた日本土地家屋調査士会連合会に改めて御礼申し上げます。そして、「ちくまプリマー新書」のシリーズの一冊にこの拙稿を強力に推していただいた筑摩書房の吉澤麻衣子さん、ありがとうございました。

平成二七年（二〇一五）一一月

今尾　恵介

※本書は二〇一二年四月から二〇一五年七月まで会報誌「土地家屋調査士」（日本土地家屋調査士会連合会刊）に連載された「地名散歩」を加筆、再構成したものである。

※本書内の、八六、八七、一五四、二二四ページ以外の地図は、国土地理院長の承認を得て、同院発行の二〇万分の一地勢図、二〇万分の一帝国図、五万分の一地形図、二万五千分の一地形図及び一万分の一地形図を複製したものである。（承認番号　平二七情複、第七八一号）

ちくまプリマー新書 248

地名《ちめい》の楽《たの》しみ

二〇一六年一月十日　初版第一刷発行

著者　今尾恵介（いまお・けいすけ）
装幀　クラフト・エヴィング商會
発行者　山野浩一
発行所　株式会社筑摩書房
東京都台東区蔵前二－五－三　〒一一一－八七五五
振替〇〇一六〇－八－四一二三
印刷・製本　株式会社精興社

ISBN978-4-480-68952-8 C0225 Printed in Japan

乱丁・落丁本の場合は、左記宛にご送付下さい。
送料小社負担でお取り替えいたします。
ご注文・お問い合わせも左記へお願いします。
〒三三一－八五〇七　さいたま市北区櫛引町二－六〇四
筑摩書房サービスセンター　電話〇四八－六五一－〇〇五三